어느 미니멀리스트의 고민

어느 미니멀리스트의 고민

**맥시멀리스트
세상에서**

**미니멀리스트로
살아남는 법**

이용준 지음

이루

'우리 모두 리얼리스트가 되자! 그러나 가슴속에는 미니멀
라이프의 꿈을 간직하자.'

체 게바라의 말을 조금 응용해 나는 이렇게 말하고 싶다.
2015년 도쿄의 한 변방에서 체 게바라만큼이나 혁명가라 불
릴 만한 사람이 나타났다. 단 한 권의 책과 함께. 바로《나는
단순하게 살기로 했다》의 저자 사사키 후미오였다. 그는 미
니멀리스트답게 단 한 권의 책으로 수많은 사람의 인생을
송두리째 바꿔버렸다. 나를 포함해서 말이다.

책으로 접한 사사키 후미오의 방은 큰 충격이었다. 마치
초등학교 시절《드래곤볼》을 읽다가 크리링이 처음 죽었을

때 느낀 충격과 비슷했다. 죽는 과정조차 생략되고 불쑥 '크리링이 죽었어!'라는 대사와 함께 죽은 채로 발견되는 장면처럼 사사키 후미오의 방이 주는 극도로 정제된 미美는 놀람과 경이로움으로 다가왔다.

텅 빈 방에서 따스하게 부서지는 아침 햇살을 만끽하며 멍하니 창밖을 내다보는 그의 여유로운 모습은 내가 꿈꾸던 이상향이었다. 세상의 모든 것을 다 던져버린 자의 여유는 세상의 모든 것을 다 가진 자의 여유보다 아름다웠다. 무소유에서 나오는 그의 초연함은 이미 현세를 초월한 티베트 승려의 깨달음 같았다. 난 그의 텅 빈 방에서 대자연의 숭고함과 아름다움마저 느꼈다.

그리고 이내 내 머릿속은 '그래, 이게 내가 진정 원하는 삶이 아니었나?', '소유란 무엇인가?', '삶은 어디서 오고 어디로 가는가?', '내가 소유해서 진정으로 얻고자 하는 가치가 무엇인가?' 같은 철학적 질문들로 가득 찼다. 사사키 후미오의 방을 본 순간 '이제까지 내 삶은 무엇이었나?'라는 생각과 함께 인생의 의미와 목적까지 되돌아보게 된 것이다. 그리고 그날 나는 결심했다. 지금부터 미니멀리스트가 되겠다고.

나는 행동이 꽤 빠른 편이어서 곧바로 물건을 하나둘씩 버리기 시작했다. 창고에 쌓여 있는 정체 모를 서류들을 버렸다. 사용하지 않는 아이들(나는 두 아이의 아빠다.)의 장난감을 버렸다. 먼지 쌓인 채 방치된 청소기와 누군가의 돌잔치에서 받아온 식기 세트도 버렸다.

하지만 나는 이내 물건 버리기를 중단해야 했다. 그렇다. 나는 '맥시멀리스트'인 아내와 살고 있었던 것이다. (사실 이건 문학적 수사가 들어간 과장이다. 가정의 평화와 나의 안녕을 위해 그녀가 일반적인 소비 관념을 지닌 보통 사람이라는 것을 미리 밝혀둔다.) 종이 하나, 봉지 하나 버릴 때마다 수많은 갈등과 대립이 일어났다. '그 종이는 품질보증서야. 없으면 안 돼!', '그 대야는 나중에 걸레 빨 때 쓸 건데 왜 버려?', '유행은 돌고 도는 거야. 그 옷은 버리지 마.' 키가 훌쩍 커버려 더 이상 입지 못하는 아이들 옷조차 버리는 게 쉽지 않았다. 아내는 항상 누군가에게 줄 것이라 말하며 무의미한 쟁여두기를 지속했다.

그리고 난 한 가지 중요한 사실을 깨달았다. '아뿔싸! 책 속의 미니멀리스트들은 대부분 미혼자였구나!' 버림으로써 소중함을 얻었다며 미소를 짓는 이들은 대체로 혼자 살고 있거나, 또는 운명적으로 신념을 같이하는 부부들이었다. 어쩌면 나처럼 인생의 중턱에서 이런 진리를 깨달은 사람에게 미니멀리즘이란 전적으로 불가능한 일일지도 몰랐다.

두 아이를 둔 가장으로서 하루에도 수없이 쏟아지는 아이들의 장난감과 쓰레기, 넘쳐나는 옷들을 정리하기에도 버거웠다. 아내의 동의를 구하지 않는 한 종이 한 장도 버리기 불가능했다. '미니멀리스트가 된다는 것은 무엇일까?' 나는 결론을 내렸다. 이것은 '투쟁'이다. '미니멀 라이프'라는 신념을 지킨다는 것은 사회적 변혁에 맞먹는 투쟁과 헌신이 요구되는 일이었다.

하지만 투쟁이라고 해서 모든 집안사람들과 싸우라는 이야기는 아니다. 자신의 신념을 간직하고 가족들의 합의를 이끌어내 미니멀 라이프를 꾸준히 실천하라는 이야기다. 즉, 미니멀리스트를 지향하되 가족이 공감할 수 있는 현실적인 미니멀리스트가 되라는 것이다.

미니멀리스트가 되고 싶으나 집안사람들의 반대로 이를 실천하지 못하고 '언젠가의 꿈'으로 간직한 이들에게 조금이나마 힘이 되고자 이 책을 썼다. 바로 내가 그래왔던 것처럼 말이다. 3년간 미니멀리스트로 살아오면서 가족의 탄압과 불평을 이겨내고 나만의 미니멀 라이프를 어떻게 구축해왔는가에 대한 노하우를 모았다. 어쩌면 그저 그런 생각들과 결심들에 그칠지 모르지만 실제로 나에게 큰 힘이 되었던 것들을 나누려 한다.

'혁명은 다 익어 저절로 떨어지는 사과가 아니다. 떨어뜨려야 하는 것이다.'

체 게바라의 말이다. 미니멀 라이프를 받아들이지 못하는 가족들과 살면서 어떻게 이를 실천할 것인가에 대해 고민하는 모든 미니멀리스트들과 혁명적 실천의 영감을 준 체 게바라에게 이 책을 바친다.

2019년 11월
이용준

1장

/

**미니멀리스트,
무릎이 꺾이는 순간들**

미니멀리즘을 처음 접한 나는 인도 오르빌에서 30년 명상 끝에 득도한 고승의 혜안을 얻은 것처럼 기뻤다. 곧바로 '물건이 자신의 가치가 아니다. 물건을 사는 것이 마음의 공허함을 채워줄 수 없다'며 아내를 설득하고 물건 버리기를 수차례 시도했다. 하지만 '안 돼!'라는 호통에 나의 신념은 곧잘 무너져 내렸다.

때때로 '그래도 나는 버린다'라고 속으로 외치며 아내 몰래 아이들 장난감과 쓰지 않는 식기구를 버리는 외롭고 조용한 투쟁을 계속했다. 뒤늦게 발각되면 신념을 묵살당한 채 이기주의자 취급도 받았다. 무정한 아비, 고집 센 남편이라는 소리도 들었다.

그럴 때면 내 영혼의 스승 체 게바라 선생님의 가르침을 되새겼다. '무언가를 위해 목숨을 버릴 각오가 되어 있지 않는 한 그것이 삶의 목표라는 어떤 확신도 가질 수 없다.' 그래, 신념을 위해 이 정도 고통쯤은 감내해야 한다. 사서오경에도 가정을 세워야 나라를 세운다고 하지 않았나. 나의 희생으로 먼저 이 가정을 세우리라 다짐했다. 나의 희생이 밑거름이 되어 언젠가 꽃필 날이 오리라 생각했다. 하지만 시간이 흘러도 그날은 오지 않았다. 버렸다가 혼났다가, 버렸다가 싸웠다가를 반복할 뿐이었다.

여기까지는 내가 미니멀리즘을 처음 접하고 1년간 겪었던 일이다. 나는 이 단계를 '미니멀리스트의 제1단계 수준'이라고 정의한다. 미니멀리스트의 제1단계 수준은 새로운 가치를 발견하고 버림의 미학에 첫눈을 뜨는 단계다. 말 그대로 초등 수준의 미니멀리스트다. 특징은 이러하다. 첫째, 뭐든지 버리려고 한다. 둘째, 미니멀리스트의 진정한 가치를 혼돈한다. 셋째, 맥시멀리스트에 대한 강한 거부감을 보인다.

무엇을 소유하고 있는지 보면 그 사람이 어떤 사람인지 알 수 있다. 소유하고 있는 물건에는 그 사람의 가치와 내면이 깃들어 있기 때문이다. 제1단계 수준의 미니멀리스트는 맥시멀리스트가 물건으로 자신의 가치를 증명해 보이려고 하듯이 버림으로써 자신의 가치를 증명하고자 한다. 이것이 초등 수준일 수밖에 없는 이유는 버리는 행위 자체가 자신이 추구하는 가치를 알리는 가장 쉽고 편안한 방법이기 때문이다. 이 단계에서는 버리는 것과 무소유가 곧 미니멀리즘이라는 착각에 종종 빠진다. 가시적으로 드러나는 텅 빈 공간을 통해 자신을 인정받고 싶은 것이다.

인터넷 미니멀리스트 커뮤니티에 가면 '물건 버리기' 게임을 하는 사람들을 흔히 볼 수 있다. '하루에 1개씩 버리기', '하루에 10개씩 버리기' 같은 게임을 하며 비워져가는 자신의 방을 공개한다. '이것 봐, 아무것도 없지?', '내가 더 많이 버렸지?' 경쟁하듯 더욱 많이 비우고, 더욱 많이 버리려 한다.

물론 미니멀리스트들은 많은 물건을 소유하지 않는다. 이는 소중한 것에 집중하기 위해 필요 없는 물건을 버린다는 신념 때문이다. 하지만 무의미한 버리기 경쟁은 무소유가 곧 미니멀리즘이라는 왜곡된 가치의 전도를 낳기도 한다.

제1단계 수준 미니멀리스트의 또 다른 특징이자 특히 경계해야 할 증상은 바로 맥시멀리스트에 대한 거부감이다. '난 무엇이 정말로 중요한지 아는 사람이야. 소유욕이 강한 너희와는 차원이 다르지.' 미니멀리즘을 처음 접하고 물건을 버리기 시작하면 자연스럽게 자신이 가치 우위에 있다는 자만을 보이는 동시에 사람들을 정죄하기 시작한다. 내가 아내의 말을 무시하고 물건을 갖다 버리며 승리감을 느끼고 자랑해댔듯이 말이다.

가족들이 중요하게 생각하는 가치를 무시하고 끊임없이 다투기만 한다면 미니멀리스트라는 타이틀을 내려놓는 게 맞다. 미니멀리스트의 궁극적 목적은 '행복'이라는 절대 가치 아래 있기 때문이다. 맥시멀리스트들과 함께 살면서 물건을 모두 버릴 수는 없지만 이것이 미니멀리스트의 실패를 의미하진 않는다. 미니멀 라이프의 핵심은 물건의 가짓수를 줄이려고 노력하는 것이 아니라, 가족의 의견을 존중하고 배려해 함께 행복해지는 데 있다.

버리는 데도 돈이 든다

물건을 처분한다고 하면 단순히 팔거나 버리면 된다고 생각하지만, 사실 이 또한 여간 번거로운 일이 아니다. 특히 분리배출 제도가 워낙 철저히 시행되는 요즘에는 정해진 요일에만 분리수거가 가능하고, 심지어 물건 버리는 데 돈까지 든다. 가히 '분리수거 세대'라 할 만하다.

우리 동네는 매주 화요일 저녁에서 수요일 아침까지만 분리수거가 가능하다. 나는 내 물건조차 마음대로 버리지 못하는 상황에 격분해서 365일 24시간 내내 쓰레기 분리수거가 가능한 동네를 찾아다녔다. 그리고 결국 꿈에 그리던 장소를 찾아냈다.

이곳은 '미니멀리스트 드림'을 위한 기회의 동네이자, 미니멀리스트들의 안식처였고, 온종일 분리수거가 허락되는 약속의 땅이었다. 나는 이 동네에 '쓰레기들의 성지'라는 뜻의 '홀리 트레쉬 존Holy Trash Zone'이란 명칭을 붙여주었다. 그리고 주말마다 자동차에 물건을 한가득 싣고 모차르트 피아노 소나타를 들으며 경건한 마음으로 성지를 찾았다.

이렇듯 수고로운 시간이 흘러 대부분의 물건을 처분하고 나면 미니멀리스트들은 제2단계 수준으로 진입한다. 물건을 버리는 단계를 넘어서 물건을 사지 않는 단계로 접어드는 것이다. 이미 물건을 처분하느라 지칠 대로 지친 미니멀리스트들은 결국 아무것도 사지 않는 무소유의 경지에 다다른다.

그 사이에 잠깐 물건 요요현상을 경험하기도 한다. 물건을 샀다가 처분했다가를 반복하는 것이다. 하지만 결국엔 최적의 물건 개수를 찾아내어 안정화 단계에 진입하는데 이것이 제2단계의 시작이다. 미니멀리스트 제2단계의 증상은 이러하다. 첫째, 물건을 사지 않는다. 둘째, 물건에 대한 두려움이 생긴다. 셋째, 남이 물건 사는 것도 싫어진다. 즉 '물건'이라는 것에 대한 반응이 상당히 예민해진다.

자신은 이제 더 이상 물건을 사지 않으니 괜찮다. 하지만 문제는 다른 사람이 물건을 사는 것도 심각하게 꺼려진다는 것이다. 내 경우에는 아내가 뭔가를 산다고 하면 일시적으로 극도의 스트레스 상태가 되고 트라이아이오도티로닌, 글루

카곤, 인슐린, 에스트로겐 같은 호르몬들이 한 번에 솟구쳐 머리에서 폭발하는 느낌이 들었다. (과학적 근거가 전혀 없는 문학적 수사이다.)

특히 아내가 가구를 사겠다고 하면 모공이 열리고 한기가 느껴지면서 소름이 끼쳤다. 거대한 공룡 같은 녀석이 방 안에 한 번 들어오고 나면 두 번 다시 그곳에서 꺼낼 방도가 없다는 것을 알기 때문이다. 제아무리 새끼 공룡 같은 가구여도 물건을 먹고 자라나는 녀석들은 시간이 지나면 너무나 비대해져 결국 통제의 범위를 벗어나고 온 집안을 혼돈의 도가니로 만든다. 다음은 내가 〈아마겟돈〉 수준의 부부 싸움을 하기 직전에 일어난 대화들이다.

아내 아이들 책장을 새로 바꿔야겠어.

나 왜? 책장 멀쩡하잖아?

아내 책이 많아서 애들이 혼자 정리하기 힘들어. 요즘은 애들이 사용하는 책장이 따로 나와.

나 그럼 책을 버리면 되잖아?

아내 막내도 나중에 읽을 책들이야. 또 사려면 돈 들어.

나 안 돼, 집이 좁아서 불편해.

　　(이 대화 이후 헬게이트가 열리는 것을 체험한다.)

아내 욕조를 사야겠어.

나 왜? 목욕탕 가면 되잖아?

아내 집에 욕조가 없어서 몸을 풀 수가 없어.

나 안 돼, 집이 좁아서 불편해.

(이 대화 이후 지옥에서 온 저승사자를 보게 된다.)

아내 집에 커튼을 달아야겠어.

나 왜? 블라인드 있잖아?

아내 겨울이 되니까 바람이 너무 많이 들어와.

나 안 돼, 집이 좁아서 불편해.

(이 대화 이후 멘탈이 분리되는 유체 이탈을 경험한다.)

가장 큰 의견 대립이 생기고 가정이 파탄 나는 국면이 바로 제2단계이다. 기본적으로 물건 소유에 대한 두려움 때문에 귀를 틀어막고 상대방의 의견을 듣지 않기 때문에 커뮤니케이션에 심각한 문제가 생긴다. 하지만 제1단계 수준을 넘어 제2단계 수준까지 무사히 진입했다면 이를 잘 관리해 궁극의 미니멀리스트인 제3단계 수준으로 넘어갈 수 있도록 노력해야 한다. 그 관리법에 대해서는 계속 더 심도 있게 다룰 예정이다.

버릴 것보다 지킬 것이 중요하다고?

'발밑에는 의약품이 담긴 배낭과 탄약 한 상자가 나뒹굴고 있었다. 둘 다 짊어지기에는 너무 무거웠다. 나는 탄약만 집어 들었다.'

부에노스아이레스대학 출신의 의사 체 게바라는 바티스타 정부군이 쏟아내는 총탄과 폭격 속에서 의약품과 탄약 중 어느 것을 들고 피신할지 고민에 처한다. 그리고 그는 찰나의 순간에 자신의 운명을 뒤바꿀 선택을 한다. 자신의 아이덴티티를 상징하는 의약품을 던져버리고 탄약을 집어든 것이다. 이후 그는 위대한 혁명가로서의 삶을 살게 된다.

미니멀리스트도 마찬가지다. 이들은 물건이 자신에게 주

는 상징성을 던져버리고, 가장 중요한 삶의 탄약을 집는 결정을 한 혁명가들이다. 미니멀리스트는 '물건이 없다면 무엇으로 자신의 존재를 증명할 것인가?'에 대한 해답을 찾기 위해 삶의 혁명을 시작한 사람들이다.

단순히 물건을 버린다고, 적게 소유한다고 미니멀리스트가 아니다. 이런 것들은 단순히 전장에서 승리하기 위한 하나의 도구일 뿐이다. 삶이라는 전장에 뛰어들 때 자동소총과 박격포를 가져갈 수도 있고, 권총 한 자루만 가져갈 수도 있다. 중요한 것은 결국 '무엇을 지켜낼 것인가'이다. 다시 말해 '소중함에 집중한다'라는 신념을 지키는 본질 자체가 중요하다.

미니멀리스트의 제3단계는 바로 이 '본질'에 집중하는 단계이다. 제3단계 수준에 이른 미니멀리스트들은 물건의 개수에 의미를 두지 않는다. 《슬램덩크》에서 강백호가 한 표현을 빌리자면 '물건은 그저 거들 뿐' 물건 자체가 중요한 본질은 아니기 때문이다. 비록 자신에게는 불필요한 물건일지라도 그것을 소유함으로써 아이들의 웃음과 아내의 행복한 미소가 가정에 넘치게 되면 그 물건은 자신의 사명을 다한 것이다. 미니멀리스트들이 물건의 존재 이유를 인정해야만 하는 까닭이 여기 있다.

제3단계의 미니멀리스트들은 자신은 비록 소유하지 않더

라도 상대방의 다름을 이해하고 존중할 줄 안다. 그리고 이런 존중의 마음이 가족에게 전달될 때 미니멀리스트의 가치 또한 존중받을 수 있게 된다. 하지만 제2단계에서 제3단계로 넘어가기란 마치 안나푸르나 베이스캠프에서 히말라야 촐라체 1500미터 수직 벽을 오르는 여정만큼이나 어렵다. 다음은 내가 제3단계 수준으로 진입을 시도했을 때의 대화이다.

아내   나 이거 산다. 요즘 신을 신발이 없어서.

나   응, 사.

      (행복은 가까이에 있다.)

아내   나 이거 산다. 요즘 화장품이 없어서.

나   응, 사.

      (아내가 삼겹살을 구워줬다.)

아내   나 이거 산다. 애들 책장이 필요해서.

나   왜? 책장 멀쩡하잖아?

아내   책이 많아서 애들이 혼자 정리하기 힘들어. 요즘은 애들이 사용하는 책장이 따로 나와.

나   그럼 책을 버리면 되잖아?

아내　막내도 나중에 읽을 책들이야. 또 사려면 돈 들어.

나　안 돼, 집이 좁아서 불편해.

(이 대화 이후 역시나 헬게이트가 열리는 것을 체험한다.)

머릿속으로는 상대방의 의견을 존중하려 해도 '책장'이라는 말을 듣자 다시 모공이 열리고 한기가 느껴지면서 소름이 돋고 호르몬이 머리끝까지 분비됐다. 신발은 부피가 작아 공간을 많이 차지하지 않는다. 화장품은 소모품이라 사용하면 없어진다. 하지만 가구는 다르다. 잠자는 공룡을 깨우는 것과 같은 일이다.

이처럼 진정으로 상대의 마음을 헤아려 이를 수용하고 인정하는 것은 매우 어렵다. '큰 책장이 있다면 아이들이 즐겁게 동화를 읽으며 시간을 보낼 수 있을 것이다'라는 메시지는 숨어 있어서 잘 보이지 않기 때문이다. 그렇더라도 미니멀리스트의 제3단계는 우리가 지향해야 할 마지막 종착역이다. 소중한 사람들을 소중히 여기는 것이 물건의 가치로 비교할 수 없는 미니멀리스트의 시작임을 기억하자.

내 것부터 버려라

미니멀 라이프를 가정에서 성공적으로 실천하는 방법은 자신의 물건을 먼저 버리는 것이다. 절대 가족들에게 물건을 치우라던가 미니멀 라이프의 신념에 대해 설교하려 하지 말자. 특히 아내에게는 그래선 안 된다. 실수라도 말을 내뱉는 순간 헬게이트가 열리고 영혼에 굶주린 악마를 소환하게 된다.

미국의 평범한 중산층 가장인 데이브 브루노는 '100개만으로 살기 프로젝트The 100 thing challenge'를 미국 전역으로 유행시킨 장본인이다. 그는 단지 물건을 100개로 줄이는 것만으로 타임지에 실렸고, CBN 방송에 출연했고, TED의 명사 반열에 올랐다. 그의 프로젝트는 책으로도 출간되어

전 세계 미니멀리스트에게 큰 영감을 주기도 했다.

한 가지 눈여겨봐야 할 점은 그가 물건을 셀 때 제시한 기준이다. 그는 상당한 시간과 공을 들여 소중한 100가지를 선정했는데 물건의 개수를 셀 때 순수하게 자기의 소유물 개수만 인정했다. 즉, 가족들과 공동으로 사용하는 침대, 이불, 주방용품 등은 카운트하지 않은 것이다.

데이브가 자신의 프로젝트를 성공시킬 수 있었던 이유는 가족들을 존중하고 자신의 신념에 따르도록 강요하지 않았다는 데 있다. 이건 비단 데이브뿐 아니라 모든 미니멀리스트가 유념해야 할 부분이다. 설사 내 돈을 주고 샀다 하더라도 가족과 함께 사용하거나 오랫동안 집 안을 점유하고 있는 물건은 이미 내 소유가 아니다. 마치 폴 매카트니가 작곡한 〈Yesterday〉의 저작권이 매카트니에게 없듯이 말이다.

미니멀리스트가 되기로 결단했으면 먼저 자신의 주변을 정리해야 한다. 아니, 자신의 주변만 정리해야 한다. 그리고 물건을 버림으로써 가족에게 피해가 가지 않는 것만 처분해야 한다. 함부로 물건을 버려서는 안 된다는 이야기다. 예를 들면 10년 전 중고서점에서 구입한 세계대백과사전 한 권을 버린다고 치자. 아내가 '아니 그걸 왜 버려? 냄비 받침으로 쓰고 있었는데?'라고 말한다면 그것은 남겨둬야 할 물건이다.

물건을 버린 뒤 새로운 대체품을 구입할 필요가 있다면 버리지 않는 것이 맞다. 설령 자신이 보기에 아무짝에도 가치가 없다고 생각되는 물건이라도 말이다. 이를테면 싱크대 한쪽에서 썩어가는 대파 윗대가리라든지, 먹고 버리지 않은 티백 같은 것들이다. (아내는 대파 뿌리가 건강에 좋다고 잘라놓곤 하는데 보통 몇 주 뒤 푸른곰팡이가 낀 처참한 모습으로 발견된다. 티백은 방향제 용도로 냉장고 한구석에서 미라가 되어 있다.)

하지만 이런 사소한 물건들이 상대방에게는 의미 있고 가치 있다는 것을 기억해야 한다. 작은 사소함을 소홀히 하면 결국 가족에게 큰 상처를 주고 미니멀 라이프를 접어야 하는 상황까지 가게 된다. 집에서 곰팡이를 배양하든, 티백으로 곰탕을 끓이든 상대방을 존중해주는 마음, 이것이 미니멀 라이프 제1법칙, '존중의 법칙'이다.

혹시 푸른곰팡이가 잔뜩 낀 대파 대가리를 보기 싫은 남편들에게 팁을 한 가지 주자면 '여보, 대파 뿌리가 검게 변했어. 회춘하나 봐. 우리 아이들 건강이 걱정되네'라고 말하면 된다. 여기서는 '우리 아이들'이라는 말이 포인트다. '아이들'이란 단어는 미니멀리스트들이 꼭 기억해야 할 마법의 단어다. 이 문장에는 아이들을 걱정하는 자상한 아빠라는 이미지, 버리라는 지시어를 사용하지 않고 행동을 교정하게 하는 메타포 화법이 동시에 사용되었다. 물건을 버리기 위해 반드시 익혀야 할 문장 패턴임을 알아두자.

스마트폰 먼저 정리하라

가족과 함께 사는 사람이 미니멀리스트가 되기로 다짐한 뒤 처음으로 직면하는 문제는 '과연 무엇을 먼저 버려야 하나?'이다. 혼자 살거나 자신의 의지대로 환경을 쉽게 바꿀 수 있는 사람들이라면 그냥 뭐든 내키는 대로 버리는 것이 가능하지만, 가족들과 함께 생활하는 사람들에겐 이것이 참 난감한 문제다.

게다가 막상 뭔가를 버리려고 하면 총명탕 한 사발을 들이켠 듯 때마침 각성된 대뇌가 기지를 발휘해 '이건 거의 새것인데 누군가에게 선물로 줘도 되잖아?'라든지 '이건 선물 받은 건데?'라는 식으로 끊임없이 방해를 한다. 결국 내 의지와 상관없이 '음, 그렇다면 다음에…'라는 결정을 내려버린다.

　이런 어려움을 겪는 사람들에게 추천하는 방법은 '내 스마트폰의 앱 먼저 지우는 것'이다. 구글이 한국, 일본, 중국, 싱가포르 등 아시아 지역 10개국의 스마트폰 사용자 1만 명을 조사한 결과를 보면, 한국인이 설치한 앱의 평균 개수가 53개로 압도적인 1위를 차지했다. 35~45개가 2, 3위인 것을 보면 우리가 얼마나 많은 앱을 가지고 있는지 알 수 있다. 더 흥미로운 것은 그중 실제 사용하는 앱이 10개 정도이고, 대부분의 사용자가 이 이외의 앱은 쓰지 않는다는 한 이동통신사의 조사 결과였다.

　단순히 앱의 수가 너무 많으니 지우라는 이야기는 아니다. 내가 강조하고 싶은 것은 자신에게 가장 가까이 있고 매일 사용하는 물건인 스마트폰을 제일 먼저 정리하라는 이야기다. 물론 스마트폰의 용량은 갈수록 느는 추세라 몇 년간 정리하지 않아도 불편함을 느끼지 않는다. 따라서 사진은 수천 장씩 쌓여 있고, 문자메시지 함에는 어떤 대화가 오고 갔는지 기억하기 힘들 정도로 다양한 알림과 스팸 메시지가 넘쳐 난다. 바탕화면에는 호기심으로 다운받고 방치해둔 앱들도 수두룩하다. '스마트폰 용량이 넘쳐나는데 무엇이 문제냐?' 묻는다면 '가장 사소한 것부터 정리할 수 없으면 큰 물건들도 제대로 정리할 수 없기 때문'이라고 답하겠다.

미 해군 특수전 사령부 사령관, 윌리엄 맥레이븐은 36년 간 특수부대Navy Seal 대원으로 활동했고 빈 라덴을 사살한 특수부대 여섯 팀을 진두지휘한 사람이다. 그가 자신의 모교 인 텍사스주립대의 졸업식 축사에서 세상에 던진 메시지는 거창한 비전이나 인내, 자기 계발에 관한 이야기가 아니었 다. '세상을 바꾸고 싶다면 잠자리부터 개라!'였다.

'특수부대에서 진행된 6개월의 기초 훈련 기간 동안 우리는 매일 아침 완벽한 잠자리 정리를 요구받았다. 모서리는 직각 으로 하고, 커버는 팽팽히 당겨져 있어야 하며, 베개는 침대 머리판 아래 정중앙에 위치해 있어야 한다. 이것은 험난한 전투로 다져진 특수부대 대원이 되기를 열망하는 우리에게 는 우습게 보이기도 했다. 하지만 이것을 제대로 했다면 그 날의 첫 번째 과업을 완수하게 되는 것이다.'

이 작은 성취를 통해 더 크고 어려운 과업을 달성할 힘을 얻고, 고단한 하루 끝에 잘 정돈된 잠자리를 보며 더 나은 내 일이 있다는 위로를 얻는다는 것이다. 이는 내가 미니멀리스 트가 되려면 스마트폰을 먼저 비우라고 강조하는 이유와도 일맥상통한다. 한때 소소한 즐거움을 주었던 게임 앱을 삭제 하고, 언제 사용할지 몰라 남겨뒀던 문자 쿠폰을 지우고, 더 이상 대화에 참여하지 않는 단톡방 창을 닫는 작은 결단을 통해 더 큰 물건을 버릴 수 있는 용기를 얻는 것이다.

　나는 일주일에 한 번, 모두가 잠든 일요일 밤, 테이블에 앉아 스마트폰을 정리한다. 받은 문자와 통화 기록을 모두 지우고, 사진은 클라우드나 하드디스크에 백업하고, 사용 빈도가 낮은 앱은 지운다. 인생을 소중히 살고 싶다면 가장 사소한 것을 완벽히 버리는 훈련이 필요하다.

2장

/

맥시멀리스트를
설득하는 방법들

무엇을 내려놓을 것인가

소크라테스는 법을 지키기 위해 죽었고, 지오다노 브루노는 지동설을 부정하다가 죽었으며, 체 게바라는 혁명을 위해 죽었다. 죽음을 각오하더라도 지키고 싶은 무엇이 있었다는 것이다. 우리는 그것을 '신념'이라고 부른다. 때로 신념은 사람들이 죽음을 불사할 수 있을 정도로 강력하다. 거꾸로 말하면 그만큼 서로의 가치관이나 신념의 차이를 타협으로 이끄는 것이 힘들다는 이야기이다.

특히 미니멀리스트와 맥시멀리스트가 같은 가정을 주 무대로 생활양식과 밀접한 관련이 있는 신념을 놓고 대립을 일으킬 경우, 마치 소행성 베누가 지구와 충돌하는 수준의 재난에 처하게 된다. 최근 나사NASA가 거대 소행성이 지구에 충돌할 경우 '현재로서는 어떤 기술로도 막을 방법이 없다'라고 공식적으로 밝혔는데, '신념의 충돌 또한 어떤 기술로도 막을 방법이 없다'라고 말하고 싶을 정도로 서로 다른 가치관을 지닌 사람들이 함께 산다는 건 어려운 일이다.

미니멀리스트가 맥시멀리스트와 함께 살면서 겪는 갈등은 수도 없이 많지만, 결국 '버려!', '버리지 마!'와 '사지 마!', '살 거야!'의 대립으로 귀결된다. 결국, 문제 해결을 위해서는 적절한 타협점을 찾아 어중간한 상태를 유지해야 한다.

그런데 이것을 더 큰 삶의 영역으로 확장해보면, 사람들과 함께 산다는 자체가 다 같은 맥락에 놓여 있다. 서로 다른 성장 배경을 가진, 서로 다른 성격의 사람들이 같이 살아간다는 것은 갈등과 조화를 반복하는 일이고, 결국 모두를 만족시키는 방향으로 흘러가야 하는 일이기 때문이다. 따라서 일정 부분 서로가 내려놓아야 할 무엇인가가 있어야 하고, 이를 위한 고민도 필요하다. 마치 자신이 추구하는 음악을 고집하면서도 대중성을 함께 고민해야 하는 록스타같이 말이다.

나는 아내와 몇 번의 의견 대립을 겪은 끝에 이 문제가 단순히 물건을 버리는 차원을 넘어 보이지 않는 본질적인 무언가의 차이 때문에 벌어지는 게 아닐까 하는 느낌을 받았다. 타고난 성향이나 기호 자체가 서로 달라 일어나는 갈등

2장 맥시멀리스트를 설득하는 방법들

이라면 이 부분을 좀 더 고민해보면 해결되지 않을까 생각한 것이다.

그래서 아내와 나의 성격유형검사 MBTI를 해보았다. (때마침 나는 한국MBTI협회의 일반강사 자격증을 보유하고 있었다.) 아니나 다를까, 아내의 모든 선호 지표가 나와 정반대로 나왔다. 하지만 MBTI란 성격을 이해하는 데는 좋은 도구이지만, '그래서 어떻게 해야 하는데?'라는 질문에 대한 해결책을 곧바로 주지는 않는다. 그저 성격을 잘 맞추라는 애매한 방향만 제시해줄 뿐이다.

결국, 이 문제를 해결하기 위해서는 '미니멀리스트가 되기 위해 무엇을 내려놓을 것인가?'를 고민해야 한다는 결론이 나왔다. 무릇 협상 원리의 핵심은 'Give & Take'가 아닌가. 나 자신의 신념을 관철하기 위해서는 스스로 먼저 무엇인가를 내놓아야 한다는 것이다.

나의 경우 퇴근 후 휴식을 내려놓았다. 늦은 시간 식사를 하고 다리 뻗고 누워 있는 여유로움을 반납했다. 퇴근이 아무리 늦어도 매일 1시간 동안 집 안 청소를 했다. 청소하고 아이들을 목욕시키고, 첫째 아이의 이야기를 들어주고, 둘째 아이에게 이야기를 들려주었다. 물론 나도 얼른 씻고 오전에 쓰다 만 원고를 마무리하거나, 기타를 치거나 하는 시간의 사치를 누리고 싶었지만, 미니멀리스트의 신념을 위해 다 내려놓았다.

'이게 어떻게 미니멀리스트의 신념을 지키기 위한 희생이냐' 반문한다면 나는 '인생이란 삶의 방향을 좀 더 원시안적인 관점으로 바라봐야 하는 것'이라고 답변하겠다. 사실 나의 이런 행동들은 적극적으로 집안 살림과 육아에 개입하면서 아내에게 '내가 이미 이 집안을 잘 컨트롤하고 있다'라는 의식을 심어주기 위한 큰 그림이었다. 힘들게 노동을 하고 집에 돌아와서도 쉬지 않고 아내와 아이들을 위해 노력하고 있다는 것을 보여주면서 '나는 이미 내 몫의 배당을 충분히 내놓았으니, 이제 당신이 무엇인가를 내놓을 차례'라는 뜻을 은연중에 드러낸 것이다.

이 전술은 내가 하이데거, 니체, 프로이트, 스키너, 칼 구스타프 융의 저서들을 읽으며 무의식의 세계를 관장하는 원리를 깨닫고 이를 어떻게 실생활에 적용할 수 있을지 1년 넘게 고민한 흔적들이다. (물론 실제로 그랬을 리는 없고, 과장법을 사용한 문학적 수사이니 그냥 넘어가자.) 어찌 됐건 이런 노력들은 더 이상 물러날 여지가 없이, 무엇인가를 구입해야만 하는 기로에 놓였을 때 진정한 위력을 발휘했다. 내 삶과 가정의 평화가 위태로울 수 있으나, 고통받는 미니멀리스트들 위해 특별히 이 방법을 공개한다.

아내 여보, 친구네 놀러갔는데, 성능이 엄청 좋은 공기청정기가 있었어. 우리도 사자. 마치 자연에 온 것 같아.

나 우리 집에도 공기청정기가 있잖아?

아내 그건 너무 작아. 큰 게 필요하다고.

나 아, 그게 말이지, 내가 매일 청소하고 닦기 때문에 없어도 될 것 같아.

아내 ……!

아내 여보, 친구네 놀러갔는데, 아이들 책장이 따로 있더라고. 우리도 사자. 유치원에서도 다 이런 것 써.

나 우리 집에도 책장이 있잖아?

아내 우리 집 것은 어른용이라 정리하기가 너무 힘들어.

나 아, 그게 말이지, 내가 매일 정리하고 있으니 없어도 될 것 같아.

아내 ……!

보았는가? 이것이 바로 맥시멀리스트들을 설득시키는 고난도의 스킬이라는 것을. 겉으로는 집안일 잘하고 아이들과 시간도 잘 보내는 자상한 아빠, 좋은 남편의 이미지를 얻으며 안으로는 미니멀리스트의 신념을 지킬 수 있는 일거양득의 전술이라는 것을. '신념을 지키기 위해 당신은 무엇을 내놓을 것인가?' 이것이 미니멀리스트들이 고민해야 하는 숙제인 것이다.

포코 이론

성격유형검사 MBTI를 만든 캐서린 브릭스와 이자벨 마이어스는 심리학을 정식으로 배운 적 없는 일반인들이었기에 자신들이 분류한 성격유형의 이론적 토대를 찾는 데 오랜 시간을 허비했다. 그리고 우연히 칼 구스타프 융의 심리유형론 영문판을 손에 넣게 되면서 이를 자신들 연구의 이론적 근거로 삼는다.

나 또한 오랜 시간 연구실에 틀어박혀 식음을 전폐하고 맥시멀리스트들을 설득할 이론적 근거를 찾기 위해 노력하고 싶었지만 그러지 못했다. 대신 우연히 체 게바라를 접하고 그의 전술을 통해 맥시멀리스트들에게 저항하기 위한 방법을 모색한 결과, 그럴듯한 이론(사실 미니멀리스트들에게 도움이 될 만한 팁 정도)을 만들 수 있었다. 맥시멀리스트를 설득하는 첫 번째 방법의 전략적 모형이 된 체 게바라 이야기를 잠시 해보겠다.

체 게바라가 이끄는 82명 혁명군은 수만 명의 바티스타 정부군과 대항하기에는 턱없이 역부족이었다. 심지어 정부군에 전략이 노출되어 상륙작전에 실패한 뒤 살아남은 혁명군은 체 게바라를 포함해 단 12명에 불과했다. 그들이 할 수 있었던 것은 험악한 산악 지형을 이용해 몸을 숨기고 단발적인 소규모 전투를 적절히 되풀이하는, 이른바 '게릴라 전술'뿐이었다.

게릴라전이 역사에 등장한 것은 200년이 되었지만, 체 게바라가 사용한 게릴라 전술은 일명 '포코 이론Foco Theory'이라 불리며 당시 사회주의 혁명가들에게 많은 영감을 주었다. 포코 이론이란 일명 '거점 이론'으로도 불리는데, 한 지역을 정해 그 지역을 전술적 거점 지역으로 만들고 이를 군사적 목적을 위해 활용하는 것을 말한다.

일반적인 게릴라들도 특정 지역을 거점으로 삼아 활동을 한다는 점에서는 비슷하다. 하지만 기존의 게릴라 전술이 무력으로 주민들을 제압하고 거점을 탈취하는 방식을 취하는 반면, 포코 전술은 자신들의 정체를 숨긴 채 지역 주민들과 신뢰를 쌓고 충분히 유대 관계를 성립한 이후에 점차적으로 본색을 드러낸다는 차이가 있다.

물론 체 게바라의 혁명군은 무력으로 한 지역을 제압할 여력도 되지 않았지만 어디까지나 이 전술은 '민중과 함께 한다'는 체 게바라의 철학에 따른 것이었다. 체 게바라는 자신의 군인들이 전리품을 탈취하거나 민간인들을 수탈하지 못하게 하는 등 이 작은 부대에 철저하고 매우 엄격한 규율을 적용했다. 이는 테러리즘이나 목적 없는 용병과는 차별화된 '혁명군'이라는 자긍심을 만들어주었다.

실력 좋은 의사였던 체 게바라가 의료 봉사나 문맹 퇴치를 위해 노력을 기울인 것도 아마 포코 전략을 성공시키는 데 한몫했을 것으로 보인다. 혁명군은 정치적 성향이나 자취는 철저히 지우고 지역 주민들을 도우며 어울렸고 친분을 쌓고 민심을 얻는다. 그리고 어느 수준에 다다르면 주민들의 자발적인 병참 지원이나 연락책 등의 역할 지원을 받거나 혁명에 동조하는 민심을 얻어 이를 성공시켰다.

맥시멀리스트들을 설득하기 위해서는 무엇을 내려놓을 것인가를 먼저 고민해보고 어느 정도의 희생을 통해 미니멀리스트의 신념을 지킬 수 있다고 한 미니멀 전술의 아이디어는 바로 이 포코 이론에서 얻은 것이다.

미니멀리스트가 되었다고 무식하게 상대에게 버리기를 강요하면 안 된다. 미니멀 라이프의 큰 목적을 이루기 위해

해줄 건 해주고 양보할 건 양보하면서 점차 자신의 영향력을 넓혀가야 한다. 맥시멀리스트들과 충분한 유대 관계를 형성해 서서히 미니멀리스트의 정신을 주입해야 하는 것이다.

인생을 살다 보면 마치 바티스타 정부군같이 상대하기 벅찬 맥시멀리스트를 마주하게 된다. 하지만 이럴 때마다 미니멀리스트들의 방식이 대규모 정규군으로 펼치는 전면전이 아니라 한 줌의 혁명군이 펼치는 게릴라전을 닮았음을 기억해야 한다.

일단 사라고 권한다

'이제 단순한 물량전으로 승리하지 못합니다. 다양한 병력의 조합이 필요합니다.'

〈스타크래프트 2〉라는 게임이 발매된 후 이를 시연한 한 프로게이머의 말이다. 하나의 유닛을 대량 생산하여 밀어붙이는 과거의 전술이 아니라 서로의 단점을 보완해주고 유닛간의 상생을 고려한 새로운 전술이 필요하다는 이야기다. 현실에서도 마찬가지다. 보병만으로 구축된 부대는 기동전에 약하고 궁수에 집중된 부대는 전면전에 무너질 수밖에 없다. 기술의 발전에 따라 단일 병과와 인해전술이 먹히던 시대는 저물고 서로 다른 병과의 적절한 조합을 통해 부대를 운용하는 것이 효율적인 전술이 되었다.

맥시멀리스트와의 전쟁도 마찬가지다. '버리기'라는 한 가지 방식만 미련하게 고집하는 것은 하수들의 전술이요, 한 치 앞을 내다보지 못하는 근시안적인 전략이다. 맥시멀리스트를 제대로 공략하기 위해서는 '버리기'와 '구매하기'가 적절히 조합된 입체적인 방법이 필요하다. '방심하게 하고 친다'는 면에서 화전 양면 전술과도 뜻을 같이한다고 볼 수 있다.

맥시멀리스트와 살면 하루에도 몇 번씩 무언가를 사자는 소리를 듣게 된다. 사고 싶은 품목도 화장품에서 명품가방에 이르기까지 다양하다. 이럴 때 무조건 '사지 말라'고 강요하게 되면 더 큰 반발에 부딪히고 '고집 센 놈' 소리를 듣기 십상이다.

또한 번번이 억제된 소유욕이 쌓여 임계치를 넘는 순간 오히려 소비 폭탄이 터지면서 감당하기 힘든 물건을 집 안에 들이기도 한다. (그리고 어차피 살 물건은 알아서 산다.) 따라서 나는 일단 아내가 뭔가를 사겠다고 하면 무조건 사라고 한다. 그것이 옷이든 가방이든 치킨이든 무엇이든 간에 일단 사라고 권유한다. 사라는 말도 진지하게 마음을 담아서 한다.

아내　내가 요즘 입을 바지가 없어.

나 입을 바지가 없었는데 어떻게 다녔어? 그럼 당연히 사야지.

아내 내가 갖고 싶은 가방이 생겼는데.

나 그래? 그럼 당연히 사야지.

요는 사고 싶은 마음에 공감해주고 구매에 동의를 해주는 것이다. 이런 식으로 반응을 해주면 일단 상대는 안심한다. 사실 상대가 원하는 것은 실제로 물건을 사겠다는 쪽보다는 자신의 기분을 알아달라는 쪽인 경우가 많다. 내 경험상으로는 사겠다는 물건의 50퍼센트 정도가 실제 구매로 연결된다.

하지만 상대도 한집에 사는 가족구성원인 이상 물건을 살 때 가정의 경제 상황을 고려할 수밖에 없고, 학습된 성인이라면 어느 정도 소비의 자정 작용을 가지고 있기 때문에 일단 구매하지 않을 것이라는 믿음을 가지고 적극적인 권유를 하는 것이다. 일제강점기 무력통치에 큰 반발이 일어나자 조선총독부가 문화통치를 선언하고 회유책으로 선회한 논리와 비슷할 수도 있겠다.

전쟁에서는 승리하는 것이 중요하다. 하지만 이에 못지않게 중요한 것은 희생의 최소화다. 즉 효율이 중요하다는 것이다. 탁월한 전술은 희생을 최소화하며 전쟁을 승리로 이끈다.

맥시멀리스트와의 전쟁에서도 최소한의 희생, 즉 욕 안 먹고 불필요한 대립을 최소한으로 하며 자신의 신념을 지키는 방법이 있다. 바로 '일단 동조 후 거절하기' 전략이다. 구매 요구가 있을 때 지속해서 들어주다가 결정적인 한 방을 먹이는 것이다.

예를 들면 화장품이나 가방 같은 소모품이나 부피가 작은 물건의 구매에는 무조건 손을 들어주다가 책장이나 탁자 같은 거대한 물건들을 사자고 하면 단번에 잘라내는 방식이다. 10개의 물건 구매를 찬성하다가 결정적인 1개를 거절하는 것이다.

이렇게 되면 상대도 이제껏 구매한 물건들이 있기 때문에 쉽게 저항하지 못한다. '내가 언제 물건 사지 못하게 하는 것 봤어? 그런데 이건 말이지…'라고 말을 꺼내기도 쉽다. 물론 거절에도 스킬이 있다. '공감 후 구매 권유'와 비슷하게 '공감 후 거절'하는 방법이다.

아내   우리 책이 너무 많아서 책장이 하나 필요한데 마트 한 번 가보자.

나   아, 책이 많아서 책장이 비좁지? 근데 내가 요즘 애들하고 도서관에 가니까 책장은 없어도 될 것 같은데?

음식들의 싱크홀, 냉장고

'여기는 빈방, 더 이상 버릴 것이 없다.'

미니멀리스트가 되고 나면 전설적인 산악인 고상돈 선생님의 이 말을 꼭 한번 빌려 하고 싶었으나 평생 이루지 못할 소원으로 남았다. 인류가 감히 인간의 발길이 허용되지 않는 신의 영역, 히말라야 마차푸차레를 정복하지 못했듯, 나도 우리 집 냉장고를 정복하지 못했기 때문이다. 네팔 정부가 마차푸차레 등정만큼은 허용하지 않고, 영원히 허용할 일이 없다고 못 박았듯이, 아내도 냉장고만큼은 나에게 허용하지 않겠다고 선언했다.

그렇다고 냉장고에 돈다발을 숨겨놓은 것도 아니고 송로

버섯이나 사프란처럼 진귀한 재료가 보관되어 있는 것도 아니다. 냉장고 한 켠에 자리 잡고 숙성되다 아예 냉장고의 일부가 돼버린 마늘장아찌(2년 전 장모님이 주셨다)라든지, 단단히 굳어버려 냉장고 문을 열 때마다 발등 찍힐까 조심해야 하는 벽돌 같은 백설기(작년 돌잔치 때 받아왔다)라든지, 씨레이션(C-Ration, 제2차 세계대전과 한국전쟁 당시 미군에게 보급된 전투식량)처럼 재난 시 꺼내 먹기 위해 냉동해놓은 식빵 등이 자리 잡고 있는 것이다.

가히 냉장고는 무엇이든 집어삼키는 싱크홀이자 한 번 들어가면 다시는 나올 수 없는 음식들의 무덤이다. 가끔 아내는 마치 소크라테스가 죽기 직전 문득 '오! 크리톤, 아스클레피오스에게 닭 한 마리를 빚졌네!'라며 외치듯 '아! 내가 일주일 전에 사온 닭 한 마리가 있었네!'라고 외치곤 하는데, 이때 탈출의 기회를 잡지 못한 식자재들은 아내가 다시 소환할 때까지 칠흑 같은 냉장고에서 영원히 잠들어 있어야 한다.

항상 무엇인가 잔뜩 쌓여 있는 냉장고를 볼 때마다 나는 영화 〈클리프행어〉의 실베스터 스탤론이 절벽 아래로 여자친구를 놓쳐버렸을 때만큼의 무력감을 느끼는데, 내가 할 수 있는 것이라곤 고작 우유가 상했는지, 감자에 싹이 돋았는지 한 번씩 냉장고를 열어보는 것뿐이기 때문이다. 심지어

'혹시 아내가 냉장고에 단순히 음식을 저장하는 것이 아니라, 추억을 저장해놓는 것이 아닐까?'라는 의심이 들기도 한다. 오래된 물건에 추억이 깃들어 있듯이, 오래된 음식에도 추억과 자취가 담겨 있으니까.

1년 전 둘째 아이가 어린이집에서 만든 송편을 보며 '아, 고사리 같은 손으로 빚은 첫 송편이었는데, 지금은 많이 자랐네' 한다든가, 2년 전 처남댁이 시골에서 가져온 밤을 보며 '아하, 그때 가을 날씨가 너무 좋아 밤이 참 잘 익었었지…' 한다든가, 또는 결혼한 친구 녀석이 보내온 냉동 떡을 보며 '이 녀석 이때 이런 형편없는 떡을 돌렸었군, 지금은 잘 살고 있나?' 하는 식으로 음식을 통해 잠시 추억에 빠질 수도 있는 것 아니겠는가. 이런 생각을 하니 굳이 애써서 냉장고를 비워내려 하지 않아도 되겠다는 생각이 든다. 가득 찬 냉장고도 나름의 존재 이유가 있으니 그것으로 됐다.

게다가 난 이미 텅 빈 냉장고를 소유해본 적이 있지 않은가. 단돈 30달러로 한 달을 생활하던 미국 유학 시절, 내 텅 빈 냉장고에는 딱 일주일 분량의 소시지와 감자, 그리고 당근만 들어 있었다. 돈이 없었고, 배는 주렸지만, 냉장고는 미니멀한 아름다움을 발하고 있었다. 인생에서 딱 한 번 이렇게 텅 빈 냉장고를 경험했고, 그것은 가장 아름다운 냉장고이기도 했다. 그리고 그게 마지막이었다. 두 번 다시 텅 빈 냉장고를 가질 수 없었으니까.

가끔 미국 기숙사 방에 있었던 냉장고가 떠오르면 '우리 집 냉장고를 한번 정리해볼까?'라는 생각이 들지만 이내 그만두고 만다. 그 시기가 영원히 돌아올 수 없다는 것을 알기에 추억으로만 남기고 싶다. (사실은 아내 때문이다.) 먼 훗날, 나이 들고, 더 이상 거동을 할 수 없어 침상에 눕게 될 때, 나는 장성한 아이들에게 이렇게 말해주고 싶다. '얘들아, 세상에서 가장 아름다웠던 냉장고가 아빠의 예전 미국 기숙사에 있었단다…'라고 말이다.

텔레비전이여, 안녕

대부분의 사람들이 잘 모를 수 있겠지만, 텔레비전도 고장이 난다. (나만 몰랐을 수도 있다. 내 머릿속에 텔레비전이란 마치 스위스 무브먼트 시계나 리바이스 501처럼 반영구적으로 사용할 수 있는 물건으로 인식되어 있었기 때문이다.) 텔레비전이 고장 났다는 연락을 아내에게 받고는 '뭐, 아버지가 돌아가셨다고?' 수준의 반응을 보였다. 버튼을 누르면 9시 뉴스가 나오지 않는다는 사실을 믿기 힘들어하며 재차 확인해보았으나 텔레비전은 이미 싸늘히 식어 있었고, 아무런 반응을 보이지 않았다.

준비되지 않은 임종을 지켜볼 수밖에 없는 유가족의 심정으로 출장 AS 기사를 불렀다. '만일 텔레비전이 더 이상 나

오지 않는다면 어떻게 해야 하나'라는 마음의 정리를 할 수 없었던 것은 텔레비전을 구입한 지 6년밖에 되지 않았기 때문이었다. (신혼 때 장만하고 꽤 오랫동안 벽에 붙어 있었기 때문에 그저 '벽의 일부' 정도로만 인식하고 있었다.)

텔레비전을 부검한 AS 기사는 고개를 갸우뚱거리며 한참을 들여다보더니, 확신에 찬 목소리로 이렇게 대답했다. '사망입니다.' 사실 사망은 아니고 메인보드가 고장 나서 갈아야 하는데 집 안 전압이 일정치 않아 다시 고장 날 확률이 높다고 했다. (당시 나는 110볼트와 220볼트의 전원을 같이 사용하는 30년 된 아파트에서 살고 있었다.) 그리고 그는 텔레비전을 다시 소생시키는 데 45만 원이라는 가격을 불렀다.

당시 AS 기사가 '위암 4기입니다. 재발 확률이 70퍼센트 이상이라 치료한다고 해도 완치를 기대할 수 없습니다'라고 확진한 전문의만큼 진지했기에, 우리는 이내 수리를 포기하고 말았다. 텔레비전 드라마를 좋아하는 아내는 곧 이성을 잃고 죽은 아버지를 돌려달라 외치듯 거세게 항의했으나 이내 텔레비전의 운명을 받아들일 수밖에 없었다. 그렇게 텔레비전은 우리 곁을 떠났다.

시간이 흘러 새집으로 이사를 했다. 아내는 그동안 10인치 태블릿 PC로 드라마를 보고 있었는데, 새집으로 이사 온 기념으로 텔레비전을 사야겠다고 했다. 나는 '아이들 교육 때문에 텔레비전의 전기 코드를 잘랐다'는 여러 집의 증언을 바탕으로 텔레비전의 유해성과 아이들 장래에 미칠 영향에 관해 설명했다. 말하다 보니 어디서 지혜가 생겼는지 미디어와 청소년 범죄의 상관관계까지 거론하게 되었는데, 실은 미니멀리스트인 내가 다시 텔레비전을 구입한다는 것을 용납할 수 없어서 붙인 사족들이었다. (텔레비전을 양보한다면 텔레비전 수납장, 셋톱박스, IPTV 회선 등 부가적으로 딸려오는 잡다한 물건들로 집 안이 점령당할 것을 직감적으로 알았다.)

아내도 질세라 항변하기 시작했다. 요약하자면 이렇다.

아내 태블릿으로 텔레비전을 보면 아이들 눈이 나빠진다.

나 그렇다면 텔레비전을 보지 말아라.

아내 유행을 알지 못하면 아이들이 친구들에게 놀림을 당한다.

나 놀리는 아이는 진정한 친구가 아니니 놀면 안 된다.

아내 그럼 일찍 와서 아이들과 놀아라.

얘기가 여기까지 나오니 '신념을 가진 자가 가장 무섭다'는 니체의 말이 떠올랐다. 어찌 됐건 텔레비전은 사기로 결정했다. (나는 아내의 의견을 존중하는 미니멀리스트다.) 그래도 불행 중 다행인 것은 아내가 내 생각을 일부 존중하여 텔레비전

대신 천장에 매달 수 있는 빔프로젝터를 구입하기로 결정한 것이다. (극적인 타결이었다.) 이런 이유로 우리 집 천장에 빔프로젝터가 달리게 되었다. 그런데 재미있는 것은 프로젝터를 천장에 달고도, 아내는 항상 태블릿으로 텔레비전을 본다는 것이다.

빨래의 탈환

에티오피아의 아디스아바바에서 40년간 쌓여왔던 쓰레기 산이 갑자기 붕괴돼 수십 명의 사람이 숨지고 실종되는 사건이 있었는데, 우리 집 세탁 바구니를 보면 항상 그 아디스아바바의 쓰레기 산이 연상된다. 세탁 바구니가 작다고 세 차례에 걸쳐 점차 큰 사이즈로 변경을 하다 보니 결국 시중에 팔고 있는 가장 큰 사이즈의 세탁 바구니를 갖게 되었다. 그런데 문제는 이 커다란 세탁 바구니도 깊은 바닥부터 입구까지 세탁물로 넘쳐난다는 것이다.

아내는 마치 가전제품을 10개월 할부로 구입하듯 분할해서 빨래를 하는데, 세탁물 산속에서 매주 소량의 빨래만을 신중히 선별해 세탁기에 돌린다. 여기서 선택받지 못한 세탁

물들은 다시 일주일을 기다려야 한다. 보통은 빨래 바구니 깊은 곳까지 손을 뻗지 않기 때문에 최근에 쌓인 빨래들만 계속 빨게 되고 자연스럽게 거대한 세탁 바구니의 바닥에는 항상 선택받지 못한 빨래들이 곰팡이의 잠식을 두려워하며 구원의 손길을 바라고 있다.

나는 이것을 빨래의 '마태 효과Matthew Effect'라 부른다. 마태 효과란 사회학자 로버트 머튼이 사회적 불평등 현상을 이해하고자 만든 말인데, 난 빨래에도 특정 빨래만 계속 빨게 되는 '부익부 빈익빈' 같은 현상이 존재한다고 본 것이다. 선택받지 못하는 빨래의 대부분은 내 것이다. 아내가 주로 하는 빨래는 당장 어린이집에 가져가야 할 담요라든지 유치원 체육복 등 아이들 옷 위주이기 때문에 내 빨래는 순위에서 밀릴 수밖에 없다.

난 단 일곱 벌의 팬티만 가지고 있기 때문에 한 번 순번을 놓치게 되면 당장 입을 팬티가 없어진다. 따라서 이런 상황이 발생하면 혼자 아프리카 카메룬 광산에서 다이아몬드를 채굴하듯 세탁물 산에 손을 깊숙이 밀어넣고 팬티를 주섬주섬 채굴해 급하게 세탁기에 돌린 뒤 헤어드라이어로 말려 입을 수밖에 없다.

이런 일이 반복되자 나는 비장한 표정으로 내 빨래는 내가 하겠다는 내용의 '빨래의 자주독립'을 선언했다. 그랬더니 아내는 빨래는 자신의 영역이니 침범하지 말라고 엄포를 놓았다. 이유인즉슨 이렇다. 세탁물에 따라 다양한 세제(어른용, 어린이용, 가루약 3종, 물약 2종 등)를 사용해야 하고, 섬유의 재질과 컬러와 오염의 상황에 따라 다양한 약물을 적절히 배합해 사용해야 하는데 내가 이것을 알 길이 없다는 것이다. (이전에 내가 양말과 수건과 속옷을 세탁기에 같이 돌려버린 뒤로 신뢰를 크게 잃은 것 같다.)

그런데 시간이 지나도 내 빨래만 자꾸 누락되는 통에 다시 한 번 거세게 항의한 결과 내 팬티 한정으로 조건부 분리독립을 받아냈는데, 결국 몇 달 못 가 아내는 완전한 자주독립을 인정했다. (내 빨래는 모두 내가 빨기로 한 것이다.)

미니멀리스트의 삶이란 마치 수북이 쌓여 있는 세탁물의 산에서 꼭 필요한 팬티를 찾는 과정이라고 할 수 있다. 타인의 삶과 내 삶이 한데 엉켜 공존하는 인생이라는 세탁물 가운데에서 가장 소중한 것을 찾아가는 여정이기 때문이다.

때로는 세탁물 산이 붕괴되듯 인생의 무게로 인해 모든 것이 내려앉을 수도 있다. 선택받은 세탁물처럼 조금 일찍 선택받은 인생은 세탁기라는 세상의 인큐베이터에서 쾌적한 삶을 보장받을 수도 있다. 하지만 그렇지 못하더라도 희망을 품고 조금 더 기다리거나, 주도적으로 개척해나갈 의지를 다진다면 삶의 중요한 부분에 좀 더 다가갈 수 있지 않을까?

잃을 것이 없는 자와 지킬 것이 있는 자

잃을 것이 없는 자와 지킬 것이 있는 자가 싸우면 누가 이길 것인가? 영화를 보면 종종 이런 대결 구도가 등장한다. 더 이상 잃을 것이 없는 자는 자신을 속박할 그 어느 요소도 없기에 자신의 목숨도 불사르며 던진다. 지킬 것이 있는 자는 자신의 소중한 것을 지키기 위해 아등바등하며 필사적으로 덤벼든다. 보통 영화에서 더 이상 잃을 것이 없는 자는 복수의 화신으로, 지킬 것이 있는 자는 주인공으로 그려지게 마련이라 후자 쪽이 더 강하게 느껴진다.

드라마 〈아이리스〉를 보면 주인공 이병헌이 '꼭 살아서 돌아갈 이유가 있습니다'라는 대사를 하는 장면이 있다. 이병헌은 자신의 여자친구를 위해 적진 속에서 불가능한 탈출

2장 맥시멀리스트를 설득하는 방법들

을 가능케 만든다. 소중한 것을 지키려고 하니 자신의 한계를 뛰어넘고 주어진 환경의 벽마저 뛰어넘은 것이다.

잃을 것이 없는 자와 지킬 것이 있는 자의 구도를 미니멀리스트 대 맥시멀리스트의 관계로 확장해보자. 지킬 것이 있는 자로 대변되는 맥시멀리스트는 자신의 물건을 소유하고 이를 지키기 위해 한 치의 물러섬도 없다. 이들은 물건을 자기 자신으로 여기기 때문에 이를 위해 기꺼이 목숨도 건다. (사실 목숨까지는 아니지만, 초인적인 힘을 발휘하여 미니멀리스트들을 무력화시킨다.)

최근에 아내와 말다툼을 했다. 영화의 한 장면 같은 미니멀리스트와 맥시멀리스트의 대립이었다. 거실에 바람이 들어오니 현관에 중문을 달자는 것이었다. 중문이란 현관과 거실 사이에 다는 문으로, 단열성과 에너지 효율이 높아지고 방음효과도 있다고 했다. 아내는 대단한 인테리어 효과도 있다고 선동했다.

하지만 나는 신념 있는 미니멀리스트. 집 안에 거대하고 못생긴 문짝이 영구적으로 달리는 것을 생각하니 사지가 뒤틀릴 정도로 거대한 공포감이 엄습했다. 말 그대로 헬게이트를 집 안에 다는 꼴이다. 그렇지 않아도 제집인 마냥 현관에 떡하니 자리를 잡고 있는 유모차 덕분에 자리도 비좁은데 (아내는 유모차는 항상 가까이 두어야 편하다며 필요할 때만 꺼내 쓰자는 내 의견을 가볍게 무시한 채 현관 안에 주차시켜 놓았다.) 작고 복잡한 현관에 문짝이 하나 더 달린다고 생각하니 머리가 아팠다. 나는 "응…"이라고 작은 소리로 적당히 대꾸하고 은근슬쩍 넘어갔다.

다음 날 아내가 또 집이 춥다고 야단이다. 나는 원래 눈치가 없는 편인데 이 이야기를 듣는 순간 '중문' 이야기가 나오기 직전의 전조현상이라는 것을 단번에 눈치챘다. 나는 바로 화제를 다른 곳으로 돌리기 위해 갑자기 아내에게 친근한 말투로 여러 이야기를 해댔다. 평상시보다 약 3배가량 많은 화제를 꺼내서 때로는 유머 있게 때로는 진지하게 이야기를 정신없이 몰아붙이다가 마지막에는 아주 근엄한 표정을 지으며 물건을 집어 던지는 막내의 행동 교정이 필요하다는 이야기로 결정타를 날렸다.

다행히 내 의도대로 아내가 마지막 주제에 몰입하기 시작하더니 이내 중문 이야기가 쏙 들어갔다. '하마터면 큰일 날 뻔했다'라고 안도의 한숨을 내쉬며 작은 승리를 자축하는 나에게 아내가 조용히 물었다. "근데 중문은 생각해봤어?"

여기까지 본다면 영화나 드라마의 전개처럼 잃을 것이 없는 자와 지킬 것이 있는 자의 대결은 후자의 승리로 마무리된다고 해도 무리가 없겠다. 하지만 거대한 삶의 흐름 안에서 인생의 큰 성취라는 차원에서 이를 조명해볼 때는 상황이 조금 달라진다. 더 이상 잃을 것이 없는 미니멀리스트들은 오직 인생의 중요한 한 가지 목표만 바라보고 나아갈 수 있기에 더 큰 삶의 도약이 가능하다. 이들은 자신의 모든 것을 제거당하고 오직 한 가지 삶의 목표와 강한 의지만 남은 영화의 등장인물처럼 강인하다.

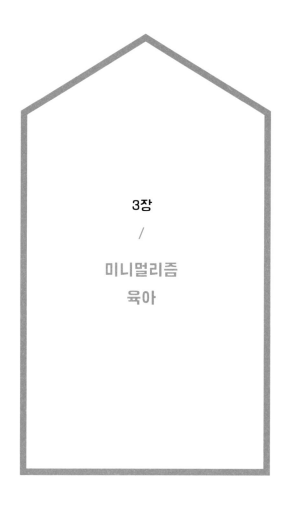

3장

/

미니멀리즘
육아

파레토의 법칙

퇴근 후 집에 오면 마치 제2차 세계대전에서 가장 치열했
다는 스탈린그라드 전투 현장에 온 듯한 풍경이 눈앞에 펼
쳐진다. 방과 거실에는 온갖 장난감 파편들과 음식물 찌꺼
기, 옷가지가 널브러져 있고, 아내의 목소리는 보급품이 끊
긴 채 울부짖는 아군의 목소리 같다. 매일 치워도 매일 어지
럽혀져 있는 방을 보면 영화 〈엣지 오브 투모로우〉에서 타임
루프에 갇힌 채 같은 시간대를 반복해서 겪는 톰 크루즈의
심정을 이해하게 된다.

'아이들은 왜 물건을 어지럽히는가?'는 카오스 이론으로
설명할 수 있다. 아이들이란 태고의 카오스 상태로 존재하기
때문에 작은 투입량으로도 예측 불가능한 극도의 혼란 상태

를 만들어버리는 능력이 있다. 물론 여기에는 비예측성, 불규칙성, 비주기성이 수반된다.

예를 들어 작은 종이 한 장이 아이 손에 들어갔다고 치자. 종이의 절반은 산산조각 나서 온 집안에 뿌려진다. 나머지 종이의 절반은 바닥과 함께 형광색색의 사인펜으로 찍찍 그어져 설치 미술품이 되어 있으며, 나머지 절반은 기하학적인 문양으로 접혀서 물에 적셔진 채 욕실에 버려져 있다.

하지만 사실 태생적인 본성을 떠나, 아이들 방이 끊임없이 어지럽혀지는 것은 단순히 물건이 너무 많기 때문이다. 그렇다면 '물건을 모두 없애버리면 되는가?'라고 물어본다면, 그건 또 아니다.

EBS 다큐멘터리 〈하나뿐인 지구-물건 다이어트〉 편을 보면 미니멀리스트 누마 하타 씨의 집이 나온다. 그의 집은 텔레비전에 공개된 미니멀리스트의 집답게 텅 비어 있었다. 누마 하타 씨에겐 서너 살쯤 되어 보이는 딸이 있었는데 흥미로운 것은 이 아이에게 아무런 장난감이 없다는 것이었다. 미니멀리스트 부모가 아이에게 물건을 소유하지 못하도록 원천 봉쇄한 것이다.

그러면서 일명 '공상놀이'라는 것을 하는 장면이 나오는데 허공에 손을 휘휘 저으며 '비행기가 간다. 붕붕!' 하는 식으로 상상해서 놀이를 하는 것이다. 나는 이 장면을 보면서

'와, 이런 식으로까지 해야 하나? 이것이 미니멀리스트의 궁극적인 모습인가?'라고 생각했다. 나 역시 어린 시절 그다지 많은 장난감을 갖지 못했는데, 이것이 나중에 더 많은 소유욕을 부르는 '결핍'으로 나타났기 때문이다.

아이는 자라서 필연적으로 사회생활을 하게 되고, 학습화되면서 남들과 비교도 하게 된다. 결국에 경제적으로 독립하는 시기가 오면 어렸을 적의 결핍을 어떤 방식으로든 메우려고 하며 간혹 이것이 집착으로도 나타나기 때문에 너무 이른 시기에 미니멀리즘을 강요하는 것은 그다지 올바르지 않다고 생각한다.

그래서 나는 한 가지 기준을 정했다. 큼지막한 수납장이 가득 찰 정도로만 장난감의 수를 유지하는 것이다. 아이들을 관찰해보면 알겠지만, 장난감에도 파레토의 법칙이 적용된다. 장난감이 아무리 많더라도 자신이 항상 손에 붙들고 있는 것은 그중 20퍼센트 정도에 지나지 않는다.

나는 삶의 여정이 다음과 같은 절차에 의해 진행된다고 본다. '미니멀리스트로 태어나서 맥시멀리스트로 학습되고 미니멀리스트로 죽는다.' 즉, 맥시멀리스트는 미니멀리스트로 회귀하는 여정에 있는 선행 단계라는 것이다. 가진 것 없이 태어나 사회화되면서 학습된 욕망으로 소비가 일어나고, 충분한 소비와 소유를 통해 다시 중요함의 가치를 알게 되는 것이다.

수많은 미니멀리스트의 책이나 인터뷰를 보면 한 가지의 공통점이 있는데, '나는 이전에 맥시멀리스트였다'라는 고백이다. 물론 나 또한 그러했다. 이들이 맥시멀리스트가 아니었다면, 미니멀리스트의 가치를 알지 못했을 것이라는 말이다. 무분별한 소비와 과도한 소유욕 때문에 삶과 정신적인 시스템이 무너져 내렸다가, 다시 치유되는 과정이 미니멀리스트라는 생활양식으로 나타나는 것이다.

어린이 전집과 어린이 도서관

우리 집에서 가장 많이 가지고 있는 물건이 뭐냐고 묻는다면 단연 책이라고 할 수 있다. 특히 아이들 책은 브리태니커 백과사전이나 세계문학 양장본같이 전집이 거의 대부분이다. 한두 권 정도 구입하려고 나갔다가도 '옛다, 30권짜리 동물 전집이다. 허허' 하고 떡하니 전집 채로 집에 가져오게 된다. 시간이 좀 지나면 '음, 동물 말고 식물 쪽 책도 몇 권 필요하겠는데?'라는 생각이 들고, 어느새 '허허, 이건 몰랐지? 이건 50권짜리다' 하면서 전집을 또 다시 들고 집에 오게 되는 것이다.

어린이 전집이라는 것은 마치 타로 카드 같아서 온전한 한 세트가 갖춰져야 의미가 있는 것처럼 착각이 든다. 동물

73

전집 중에 《제20권-수달 편》 한 권만 별도로 사고 나면, 가구를 조립하다가 부품이 1개 남은 것처럼 허전한 느낌이 들면서 '얼른, 1권부터 19권까지 사야겠군' 하는 조급함이 생기는 것이다. 그렇게 몇 번 반복하면 책이 한 덩어리, 두 덩어리씩 들어와 금세 책장을 가득 메우게 된다.

내가 처음으로 책이 너무 많다고 인식한 것은 책을 지지하고 있는 책장 받침대가 휘어진 것을 발견하고 나서다. 아이들은 '종이'를 보면 일단 찢으려는 본성이 있기 때문에 출판사에서는 어떻게든 내구성이 좋은 커버를 붙여 책을 단단하게 만든다. 20페이지도 채 안 되는 책들이지만 각기 두툼한 커버를 달고 있으니 그 무게가 상당할 수밖에 없다. 그런 책들이 100권씩 책장을 차지하고 있으니 제아무리 튼튼한 책장이라도 힘을 버틸 재간이 없는 것이다.

문제는 이 책이라는 녀석은 집에 한 번 들여놓으면 나가기를 거부하는 세입자처럼 빼내기가 정말 곤란하다는 데 있다. 책은 아이들의 발달 시기에 맞게 읽혀야 하다 보니 커가는 아이들에겐 계속 새로운 책이 필요하고, 이미 읽힌 책들은 둘째가 크면 읽어야 한다는 명목으로 계속 쌓아두게 된다. 사실 50권짜리 전집 중에서 아이들이 항상 보는 책은 5~10권 정도밖에 안 되지만, 그렇다고 무턱대고 나머지 책을 내다 버릴 수도 없다.

아내는 한술 더 떠서 거실에 큼지막한 책장을 벽면에 맞게 설치해 마치 북카페의 인테리어처럼 해보자고 부추긴다. '미니멀리스트의 제2 법칙'은 절대로 정리를 한답시고 수납장을 사면 안 된다는 것이다. 수납장이야말로 미니멀리스트들이 가장 경계해야 할 적이다. 수납장은 존재하는 것만으로 무엇인가를 계속 채워야 할 것 같은 유혹을 부추기고 또 다른 소비로 연결시키는 악의 축이다.

그러던 중 우연히 텔레비전 프로그램에 나온 미니멀리스트 주부를 보게 되었다. 진행자가 '아니, 애들 방에 책이 한 권도 없어요?'라고 묻자 그녀는 '네, 도서관에서 빌려 봐요'라는 놀라운 지혜를 공개했다. 그 순간 진행자도 놀랐고, 스튜디오의 패널들도 놀랐고, 나도 놀랐다. 아니, 왜 이런 단순한 진리를 모르고, 계속 책을 구입해왔던가. 육아하는 집이라면 으레 어린이 전집 정도는 몇 세트 갖추고 있어야 한다는 무의식에 사로잡혔던 것인지도 모른다.

그 이후로 딸과 함께 도서관에 다니기 시작했는데 여러모로 장점이 많다. 우리 동네 도서관은 규모가 꽤 있는 편이라, 어린이 도서관이 별도로 있고, 매주 7권의 책을 빌려 볼 수 있다. 보통 토요일 오전 10시 정도에 가서 점심 즈음에 돌아오는데 나는 이 시간이 정말 즐겁다.

유아 책 코너에서는 연신 아이들이 울어대고 엄마들이

아이들에게 책을 읽어주기도 하기 때문에 정숙한 어른들의 열람실보다 훨씬 자유롭고 개방적이다. 무료한 표정으로 '허, 뭘 이런 걸 다, 참…' 하면서 아이가 골라온 책을 이리저리 뒤적거리는 나 같은 아빠들도 제법 있어서 어린이 책상에 앉아 있다는 부담감도 덜하다. (비록 '어른들은 아이들을 위해 자리를 양보합시다'라는 문구가 벽에 붙어 있을지라도 말이다.) 그래서 나도 아이들과 사이좋게 둘러앉아 같이 책을 보거나, 유튜브를 보며 키득거리거나, 노트북 컴퓨터를 가져가 원고를 쓰기도 한다.

무엇보다 좋은 점은 도서관 식당에서 저렴한 가격으로 맛있는 점심을 먹을 수 있다는 것이다. 단돈 4000원에 근사한 돈가스 정식을 맛볼 수 있고, 인심 좋은 식당 아주머니는 시키지 않은 반찬까지 넉넉히 주신다. '토요일 오전 도서관에 가서 돈가스를 먹는 것'은 이제 한 주를 마무리하는 하나의 의식이자 가족의 전통 같은 것이 되어 버렸다.

그 어떤 어린이 전집으로도 아이들의 무한한 지적 호기심을 채워줄 수 없다. 이들의 갈증을 해소할 수 있는 현명한 방법은 영원히 마르지 않는 지식의 샘물, '어린이 도서관'을 찾는 것이다.

15분 육아

청년들이 많이 묻는 질문이 있다. 하나는 '결혼하면 좋아요?'이다. 이런 질문이 나오면 난 항상 이렇게 대답하곤 한다. '결혼이 좋은 단 한 가지 이유를 꼽으라면, 데이트하고 집에 안 데려다 줘도 되는 것이다.' (나는 이것 때문에 결혼했다고 할 수 있을 정도로 진심으로 결혼한 사람만 누릴 수 있는 특권이라고 생각한다.)

두 번째는 '애들 좋아해요?'라는 질문이다. 이건 답변하기 참 곤란해서 '아이들과 지내면 삶에 대한 이해의 폭이 넓어진다'라고 대충 얼버무린다. 태고의 카오스 상태로 존재하는 아이들을 보고 있자면, 나 역시 알 수 없는 혼돈의 세계로 빠져들기 마련이라, 정신을 바짝 차리고 있지 않으면 골치 아픈 일들이 생기고 만다. (보는 앞에서 코에 구슬을 집어넣는다든지, 달걀노른자를 바닥에 으깬다든지, 벽지를 찢는다든지 하는 일들 말이다.)

그렇다고 오해하지 마시라. 내가 결코 아이들을 싫어한다는 뜻은 아니다. 퇴근 후 반겨주는 아이들을 보면 정말 즐겁고 행복하다. (사실 요즘 우리 집에서 나를 반겨주는 건 세 살배기 막내가 유일한데, 나를 보면 달려와서 "꺄아아오오!" 30초간 소리를 지르고 이내 만화를 보러 가버린다.) 아이들과 블록 놀이를 하거나 그림 그리기 같은 것을 하는 시간도 꽤 즐겁다. 그런데 문제는 이 감정이 딱 15분 정도만 지속된다는 거다. 15분이 넘어가면 감정이 흡수되고 혼이 없는 육체의 껍데기만 너덜너덜하게 남는다.

그래서 나는 15분 육아를 권장한다. 15분 동안 집중해서 아이들과 시간을 보내는 것이다. 사실 이 방법은 내가 고안한 것은 아니고, 어린이집에서 진행하는 아버지 학교에 참석했다가 육아 전문가 선생님한테 들은 이야기다. 아버지 학교의 분위기는 일거리를 배정받기 위해 인부들이 모인 이른 아침의 인력사무소만큼이나 건조하다. 나처럼 아내 등쌀에 떠밀려 참석한 아빠들이 의욕 없는 표정으로 말없이 앉아서 강의를 듣다가, 나눠준 김밥을 묵묵히 씹고는 말없이 돌아간다.

물론 아버지 학교에서 들은 내용을 대부분 잊어버렸지만, 이 '15분을 놀아준다'라는 내용만큼은 머릿속에 남아 있었다. '음, 15분만 놀아주면 오케이군. 15분이라, 거 참 편리하군' 하면서 계속 머릿속에 되뇐 것이다. 곰곰이 생각해보니 '최소한의 시간으로 육아를 한다'는 이 개념 자체가 굉장히 미니멀리스트다운 발상이란 생각이 들었다. 시간이 많고 적음은 중요한 것이 아니다. 적은 시간이지만 꾸준히 질적으로 높은 수준을 유지하며 아이와 관계를 형성하고 즐겁게 지내면 되는 것이다.

CBS 프로그램 〈세상을 바꾸는 시간 15분〉의 15분은 세상도 바꿀 수 있는 시간이고, JTBC 〈냉장고를 부탁해〉의 15분은 최고의 음식을 맛볼 수 있는 시간이다. 아이들과 흠씬 놀아주는 15분은 정서와 두뇌 발달, 공지각 능력, 기척 감지 능력 등에도 상당히 도움이 된다는 이야기가 있다. (과학적 근거가 정확하진 않으나 아이들에게 굉장히 좋은 쪽으로 작용하는 것은 사실이다.) 바쁜 아빠들은 이렇게라도 꼭 아이들과 시간을 보내고 아이들과 소중한 추억을 쌓길 바란다.

4장

/

회사에서의
미니멀 라이프

쓰레기통만 있는 바탕화면

파리 본사 직원들과 중요한 미팅을 진행하기 10분 전. 갑자기 멀쩡하던 회의실 빔프로젝터가 작동하지 않았다. 전산팀을 불러서 점검했지만, 원인을 찾지 못했다. 다른 컴퓨터와 연결하면 잘 나오는 화면이 내 컴퓨터만 연결하면 신호가 잡히지 않았다. 영겁의 세월 같은 10분이 지난 후 전산팀은 겨우 원인을 찾아냈다. 내 컴퓨터 바탕화면이 아무것도 없는 검은색이라 연결이 되지 않은 줄로 착각한 것이다. (검은 바탕화면에 휴지통 하나만 남겨두었다.)

나는 회사에서도 미니멀 라이프를 유지하기 위해 책상뿐 아니라 컴퓨터에서 불필요한 파일들과 프로그램들을 지우고 바탕화면의 모든 것을 지워버렸다. 수십 개의 아이콘과

널브러져 있던 파일들을 정리하니 업무의 몰입도가 높아졌다. 바탕화면에는 당장 진행하는 업무의 파일만 열어놓고 작업한다. 환경을 변화시키니 이것저것 급하게 떨어지는 업무를 쳐내느라 허겁지겁 대던 모습도 사라졌다.

예전엔 출근 후 바로 이메일을 열어보거나 어제 못다 한 업무를 처리했었는데 지금은 출근하면 먼저 잠시 생각하는 시간을 가진다. 커피 한 잔을 들이켜고 하루 일의 가장 중요한 핵심 사안이 무엇인가, 그리고 그 업무를 어떻게 처리할 것인가에 대해 15분간 묵상한다. 묵상이라는 말에 걸맞게 실제로 눈을 감고 생각을 해보고 어떤 식으로 일이 전개될 것인가에 대해 고민한다. 그리고 생각의 정리가 끝나면 오전 3시간 이내에 거의 모든 중요 사항에 대한 업무를 처리한다.

점심시간은 철저한 자기계발 시간으로 보낸다. 이전 같으면 직원들과 식사를 하거나 낮잠을 잤겠지만, 회사에서 미니멀 라이프를 실천한 이후에는 무의미하게 흘러가던 점심시간을 하루의 가장 중요한 시간으로 활용하고 있다.

점심은 거르거나 편의점 삼각김밥 등으로 아주 가볍게 한다. 그리고 카페에서 책을 읽거나 원고를 쓴다. 점심시간 1시간 중 이동 시간을 제외하고 약 45분가량을 활용할 수 있다. 1시간이라는 제약된 시간과 공간 사용을 위해 지급한 커피값은 시간 사용의 밀도를 높여주어 짧은 시간 동안 놀라운 생산성을 가져왔다. 실제로 원고의 아이디어나 책의 기획 방향은 점심시간 동안 나온 것들이 많다.

　오후 근무시간이 되면 다시 한 번 오후에 할 일들을 생각하고 정리한다. 아무리 좋은 자동차라도 계속 달리면 기름이 떨어지듯이 체력과 집중력이 좋은 사람도 오후의 업무 집중도는 오전보다 떨어지기 마련이다. 따라서 업무 전에 그날 오후에 반드시 처리해야 할 중요한 업무를 체크하고 근무에 들어간다. 깨끗한 작업 환경은 오후에도 역시 업무에 몰입할 수 있도록 도와준다.

책상을 비우다

'자네, 요즘 힘든 일 있나?'

'과장님, 좋은 곳으로 가시나 봐요?'

'나갈 준비 다 해놓으셨네요.'

책상을 비운 후 1년 동안 제일 많이 들은 말이다. 미니멀 라이프를 접하기 전 내 책상도 일반적인 직장인의 책상과 다를 바가 없었다. 사무실 파티션에는 내선 번호, 중요한 일 정들과 업무 프로세스 같은 각종 중요한 정보들이 빼곡히 붙어 있었고, 주위는 서류함과 각종 바인더들로 둘러싸여 있었다.

전임자가 모아두었던 사무용품과 10년 전 자료들도 언제 사용될지 몰라 고이 모셔두고 있었다. 어째서인지 몰라도 방독 마스크 몇 상자와 양주 다섯 병, 베이스 우퍼가 달린 스피커 세트가 남아 있었고, 회사 주변 맛집 전단지 파일철과 배달 음식 쿠폰 모음집도 책상 위에 굴러다니고 있었다.

미니멀리스트로 살기로 결단한 그 주에 회사 책상을 비웠다. 내가 있는 공간만큼이라도 모두 비우고 싶었다. (책상 위엔 컴퓨터와 전화기만 남겨두었고 서랍 한 칸에는 볼펜 한 자루와 치약, 칫솔이, 다른 서랍 한 칸에는 명함과 레이저포인터만 들어 있다.) 회사에 다니면서 가장 좋은 것 중 하나는 물건을 마음대로 버릴 수 있다는 것이다. 재활용도 필요 없다. 적당히 복도에 내어두면 청소 용역 업체 직원들이 알아서 정리해준다. 물건의 크기나 부피에 상관없이 복도에 내놓기만 하면 다음 날 마법같이 사라지기 때문에 나의 회사 생활 중 가장 만족도가 높은 것이 바로 이 쓰레기 처리가 아닐까 싶을 정도다. 심지어 '음, 이 정도면 굳이 주말마다 홀리 트레쉬 존에 갈 필요 없이 회사에…'라는 생각까지 했었지만 나의 평화로운 회사 생활을 위해 실제 실행에 옮기지는 않았다.

나는 단 일주일 만에 내 자리에 있는 모든 것을 버렸다. 책상의 물건을 버리면서 한 가지 법칙을 발견했는데 물건의 수와 청소의 빈도수가 반비례한다는 것이다. 물건이 없으면 더욱 청소를 열심히 한다. 나는 이것을 '미니멀리스트

제3 법칙'이라고 정했다.

상식적으로 물건이 없으면 청소할 필요가 없을 것이라 생각하지만 깨끗한 책상은 더 많이 청소하게 되어 있다. 회사에 오면 물티슈를 한 장 꺼내 책상과 컴퓨터의 먼지를 한 번씩 닦으면서 주변을 가다듬고 업무를 시작하는데, 물건으로 가득 찬 책상은 청소하기가 번거로우므로 그 과정을 생략하게 된다. 그러니 복잡한 책상은 더욱 더럽게 남겨지고, 물건이 없는 깨끗한 책상은 더욱 깨끗해지는 것이다.

물건을 줄이면서 업무의 집중도가 높아졌음은 말할 것도 없다. 없으면 법적으로 문제가 될 만한 필수 서류만 서류철에 남겼다. 대부분의 사무용품을 처분해 물품이 어디 있는지 헤매는 일이 없어졌다. 그만큼 시간을 밀도 있게 사용하게 됐다. 상쾌한 기분으로 업무를 시작하게 됐다.

'아니, 인사팀인데 서류가 많지 않아요? 어떻게 책상에 바인더 하나 없죠?' 직원들이 가장 많이 하는 질문 중 하나다. 물론 서류를 만들고 정리하자면 끝도 없이 많다. 나는 업무가 진행되면서 발생하는 모든 서류를 스캔하고 파일로 만들었다. 파일은 알기 쉽게 정확한 이름과 일자를 사용해 정리했다. 누구나 접근하기 쉽게 폴더명도 일관된 규칙에 따라 정리해 두었다. 혹시 모를 외부 감사나 지도 점검에 대비해 꼭 있어야 할 필수 서류만 바인더로 만들어 보관했다.

일단 물건을 버리고 나니, 무엇이 중요한 것인지, 무엇이 불필요한 것인지 더욱 명확해졌다. 그리고 이는 업무 효율과 탁월한 성과로 나타났다.

80 대 20의 시간 관리

물건은 영원히 존재하지만, 사람의 시간은 한정적이라 관리가 필요하다. 따라서 한정된 시간에 최대한 소중한 것에 집중하는 것이 미니멀리스트의 시간 관리이다. 이는 의미 있는 개인 프로젝트를 진행하는 것, 자신의 삶을 되돌아보는 시간을 가지는 것, 소중한 사람과 함께 보내는 것 등을 의미한다.

그런데 아쉽게도 일상의 삶에서 시간을 관리한다는 것이 쉽지만은 않다. 가정에서 소중한 사람들과 지내기보다, 직장에서 대부분의 시간을 보내고 있기 때문이다. 하지만 생업에 직결되는 문제이기 때문에 이를 단순히 무시할 수도 없다. 우리는 더욱 중요한 것에 시간을 써야 함을 알면서도 그렇

4장 회사에서의 미니멀 라이프

지 않은 것에 대부분의 시간을 보낸다. 따라서 회사에서 최대한 밀도 있게 시간을 사용해 일과 내에 업무를 마무리하고, 나머지 시간 동안 자신의 삶을 보내는 것이 필요하다.

나카지마 사토시가 쓴 《오늘 또 일을 미루고 말았다》는 밀도 있는 시간 관리에 도움이 될 만한 책이다. 이 책에서는 시간 관리를 만화 〈드래곤볼〉에서 손오공이 사용하는 필살기 계왕권에 비유해 설명한다.

계왕권이란 손오공이 저승에서 만난 스승 계왕에게 전수받은 기술인데, 온몸의 기를 컨트롤해서 순간적으로 자신의 힘을 증폭시키는 것을 말한다. 계왕권을 사용하면 힘, 스피드 등 모든 면이 평소보다 몇 배로 증대된다. 예를 들면 '계왕권 2배'를 사용하면 평소의 힘보다 2배 정도 파워업된 힘을 쓸 수 있고 '계왕권 4배'를 사용하면 4배의 증폭된 힘을 사용할 수 있는 것이다. 〈드래곤볼〉에서 손오공은 최대 20배의 계왕권을 사용한다.

사토시는 자신도 업무를 할 때 계왕권을 사용한다고 했다. 물론 실제로 사용하는 것은 아니고, 사용한다고 이미지화시키는 것이다. 자신이 계왕권을 사용하고 있다고 생각하면, 힘이 몇 배로 강해져 집중력이 향상되고 어려운 일도 손쉽게 처리할 수 있다는 것이다. 계왕권을 사용할 때는 그냥 사용하는 것이 아니라, '몇 배의 계왕권을 사용할 것인가'를 구체적으로 정해 놓는다고 하는데, 그가 제안하는 방법은 이렇다.

하루 동안에 처리해야 할 업무가 주어지면 오전 2시간 동안 20배 계왕권을 사용해 업무의 80퍼센트를 집중적으로 처리하고, 나머지 시간은 잔업을 하면서 여유 있게 마무리한다. 20배 계왕권으로 업무를 처리했으면, 점심시간 전까지의 제한 시간 동안에는 2배 정도의 계왕권을 사용해 다음 중요업무를 처리한다. 계왕권으로 체력 소모가 컸으면 점심시간 이후부터는 힘을 많이 들이지 않고 처리할 수 있는 이메일 회신을 하거나 오전에 남겨둔 업무를 여유 있게 마무리하며 하루 업무를 마친다.

즉, 80 대 20의 법칙을 적용해 업무를 한다는 것이다. 10일이라는 기한이 주어지면 2일 안에 80퍼센트의 업무를 끝마친다. 그리고 8일 동안은 여유 있게 시간을 사용하며 기한 안에 마무리한다. 초반 80퍼센트의 업무는 계왕권 20배를 사용해 처리하고 나머지 20퍼센트의 업무는 상황에 따라 2배 또는 4배 정도의 계왕권을 사용한다.

나는 이 방법을 미니멀리스트들이 꼭 배웠으면 한다. 집중하여 업무를 효율적으로 마무리하는 방법을 익힌다면, 시간을 더욱 소중한 곳에 사용할 수 있기 때문이다. 내재된 잠재능력을 끌어올려 집중적 시간 활용을 가능하게 도와주고 미니멀리스트들에게 시간의 자유를 허락한 사토시에게 감사하다.

단순화하면 팔린다

　최근 백종원이 한 돈가스집에서 쓴 각서가 큰 이슈를 불러일으켰다. 골목 상권의 성공 솔루션을 제공하는 한 프로그램에서 충분히 훌륭한 맛인데도 매출이 저조하자 메뉴를 줄이라는 해결책을 제시한 것이다. 대신 매출이 떨어지면 모든 결과를 책임지겠다는 각서를 썼다. 맛에 대한 보증 각서인 셈이다.

　가게 사장은 이 제안에 따라 두 가지 메뉴를 제외한 21가지를 모두 없앤다. 그리고 이내 매출은 급증하기 시작한다. 가장 중요한 핵심 메뉴만 남기고 모든 메뉴를 버리자 역설적으로 매출이 올라가기 시작한 것이다. '메뉴를 단순화해야 팔린다'라는 전략은 실제로 컬럼비아대학의 시나 아이엔가 교수팀이 '잼 선택' 실험을 통해 증명해낸 바 있다. 24가지 잼을 접한 소비자는 3퍼센트만이 잼을 구입한 반면, 6가지 잼을 접한 소비자는 30퍼센트가 잼을 구입한 것이다. 선택지가 많다고 해서 매출로 연결되는 것은 아니라는 이야기다.

실제로 많은 기업이 이 전략을 통해 큰 재미를 봤다. 애플이 그랬고, 소니가 그랬고 알디(독일의 대형 슈퍼마켓 체인)가 그랬다. 사업군을 축소하고, 제품 라인을 단종시키고, 상품 구성을 단순화해 선택의 폭을 대폭 줄여서 성공했다. 그런데 왜 줄이고 버리기가 쉽지 않을까? 돈가스집 사장은 20개가 넘는 메뉴를 늘어놓았던 이유에 대해 '두려움' 때문이라고 말한다. 원하는 메뉴가 없어서 손님이 돌아갈까 봐, 또 다시 실패할까 봐 두려워서였다는 것이다.

잭 웰치는 여백 없이 정보로 가득 채워진 보고서를 비판한 적이 있다. 내용이 쓸데없이 복잡해지는 이유는 '단순한 보고서를 보고 사람들이 멍청하다고 생각할까 봐 두려워서'라고 했다. 하지만 두려움을 떨쳐버리지 않고 앞으로 나가는 것은 불가능하다. 원하는 것을 얻기 위해 과감히 포기하는 용기가 필요하다. 따라서 알 리스와 잭 트라우트는 저서《마케팅 불변의 법칙》에서 아이엔가의 법칙을 '희생의 법칙'이라 불렀다.

우리의 인생도 마찬가지다. 불필요한 것을 버리고, 삶의 선택지를 쳐나가는 과정 속에 인생의 매출 곡선이 상승한다. 우리는 이것을 위해 불편함이라는 희생을 감내하고, 주변을 정리하고, 생각을 단순화하고, 물건을 버리는 연습을 해야 한다. 때로는 이 과정에서 조용히 엄습해오는 두려움과 맞닥뜨려야 하고, 부담스러운 사람들의 시선을 느껴야 할 때도 있다. 하지만 포기하지 않고 꾸준히 노력하면 어느 순간 행복의 보증 각서를 손에 넣게 된다.

전파를 탄 돈가스집은 이제 전국적인 맛집으로 소문이 퍼져 대기표 없이는 들어가지 못할 정도의 성공을 이뤄냈다. 이 성공은 중요한 성취를 위해 포기하고, 희생을 통해 회생한다는 미니멀리즘의 성공일 것이다.

벼락치기, 버림의 학습법

학창 시절 하루도 빠짐없이 사설 독서실에 다녔다. 공부를 한 건 아니다. 짐을 보관하고 놀러 다니거나, 놀다 지치면 돌아와서 쉬는 목적으로 이용했다. 그 당시 나의 일과는 이랬다. 학교가 끝나면 독서실에 가서 책가방을 던진다. 오락실에 가서 밤 10시까지 게임을 하거나 돈이 떨어지면 다른 사람이 하는 것을 지켜보면서 머릿속으로 시뮬레이션을 해 보는 쉐도잉 학습을 한다. (공부가 아니라 게임을 잘하기 위한 학습이다.) 오락실이 문을 닫으면 만화방으로 향한다. 11시까지 라면을 시켜 먹으며 만화책을 보고, 못다 본 만화책은 빌려와 독서실에서 본다. 피곤한 하루를 보냈으므로 엠씨스퀘어를 귀에 꽂고 자연의 소리를 들으며 잠을 청한다.

학교에 가면 잘 놀면서 공부까지 잘하는 아이들이 더러 있다. 이들은 게임도 하고 운동도 하고 여학생들과 미팅도 하는 등 할 건 다하는데도 꽤 괜찮은 점수를 유지하는 친구들이다. 내가 바로 그들 중 한 명이었으면 좋았겠지만, 아쉽게도 나는 놀면서 공부 잘하는 아이의 공부 못하는 친구 중 한 명일 뿐이었다.

심지어 고등학교에서 이과를 선택했는데 수학에 너무나 재능이 없었다. 하지만 단순 암기는 잘해서 국사나 철학 같은 인문 과목에서는 점수를 곧잘 받았다. 지금 와서 학창 시절 공부 얘기를 꺼내는 것은 내 공부법이나 시험 전략이 미니멀리즘에 입각해 있었기 때문이다.

나는 국민학교에 입학해서 초등학교로 졸업한 6차 교육과정 세대로 수능이 제법 자리를 잡아가는 시기에 학창 시절을 보냈다. (정보화에 맞춰 학교에서 무려 컴퓨터를 학습한 첫 세대이기도 하다.) 시험을 볼 때 나는 기본적으로 수학을 포기했다. 그나마 잘할 수 있는 암기 과목과 영어에 집중하기 위해서였다. 그렇다고 수학을 완전히 포기한 것은 아니다. 1번부터 10번까지는 공식만 대입하면 풀 수 있는 기초 문제만 출제되기 때문에 이 문제들은 놓치지 않고 맞췄다. 나머지 수학 문제의 80퍼센트는 대부분 모르기 때문에 딱 2문제 정도 (주로 도형 문제)에 집중해 푼다.

예를 들면 '큰 도형에 작은 도형을 채우려는데 몇 개가 들어가느냐?'라는 식의 문제가 나오면 손으로 도형 100개를 하나하나 그려본다든지(일명 인간 승리 전략), 각도를 구하는 문제가 나오면 종이를 오려 수제 각도기를 만들어 푸는 식이다. 이런 식으로 풀면 평균 35퍼센트 정도를 맞히게 된다. (내 인생 최고 수학 점수는 모의고사에서 받은 43점이었다. 한번은 내 찍기 실력이 주관식 정답이었던 '3.68'을 맞추는 경이로운 경지에까지 이르렀었다.)

암기 과목은 훨씬 수월했다. 시험 전날 교과서를 처음 펼쳐 선생님이 쳐준 밑줄만 줄기차게 외웠다. 선대부터 내려온 전통 기법인 '벼락치기'였다. (조선 시대 과거 시험에서도 사서 오경 같은 것을 하루 전날 달달 외우고 있는 선비들이 제법 있지 않았을까.) 대학 재학 중 사법고시에 한 번에 붙은 강용석이 자신의 벼락치기 공부법에 대해 말한 적이 있다. '책의 3분의 1만 줄을 친다. 줄 친 것의 3분의 1만 외워서 답안지에 쓰겠다고 생각하며 외운다. 그러면 수백 페이지도 10분 만에 보는 것이 가능하다.' 즉, 의미 있는 내용만을 남기고 여기에 집중할 때 점수가 오른다는 것이다.

실제로 벼락치기의 효능은 과학적으로도 입증이 됐다. 정신과 전문의에 따르면 벼락치기를 하면 신체는 그 상황을 위기 상황으로 인식해 교감 신경이 활성화되면서 스트레스가 증가한다고 한다. 그리고 스트레스가 증가하면 뇌 속의 기억을 담당하는 편도체와 해마를 자극해 기억력이 일시적으로 증가한다고 한다.

벼락치기는 버림의 학습법이다. 불필요한 것은 버리고 꼭 필요한 것만 외운다는 철저히 미니멀리즘적인 사상에 입각해 있다. 공부에 투자되는 시간은 줄이고 효율을 높여 보다 중요한 일에 집중하게 하는 궁극의 학습법이라고도 할 수 있겠다. (내 경우엔 공부보다 중요한 창의 역량을 육성하기 위해 만화책을 보거나 순발력, 집중력, 두뇌 계발용 게임을 하는 데 집중했다.)

영국 극작가 오스카 와일드는 '인생은 시험의 연속'이라고 말했다. 학교를 졸업하면 또 다른 인생의 시험들이 기다리고 있다. 시험 준비만 하느라 한 번 사는 인생의 정작 중요한 일을 미루거나 잃으면 안 된다. 삶의 벼락치기가 필요한 까닭이다.

프랭클린식 인간형

오랜만에 서점에 갔다가 문구류 코너 구석에 자리 잡은 프랭클린 플래너가 눈에 들어왔다. 개인적으로는 프랭클린식의 시스템 다이어리를 싫어한다. 이전에도 프랭클린 플래너를 몇 번인가 써보았는데 10페이지 이상 제대로 사용해 본 적이 없다. 그 이상 넘어가면 플래너의 내용과는 무관하게 아무 메모나 쓱쓱 써버리게 된다. 무엇보다 FDA 현장 조사관이 의약품 품질관리 기준을 꼼꼼히 체크하듯 크고 두꺼운 플래너에 온갖 일정을 가득 채워 넣고 우선순위를 매긴 다음 달성도를 하나하나 체크하는 모습을 보면 그 꼼꼼함에 먼저 질려버린다.

프랭클린 플래너를 보니 새삼 '프랭클린'이 떠올랐다. 벤

자민 프랭클린은 형편이 좋지 않아 제대로 된 정규 교육을 받지 못했지만, 성공적인 출판사를 운영했고, 우체국장을 지냈으며, 과학적 지식도 꽤 있어 피뢰침을 만들어냈다. 독립 선언문 작성에도 참여했고, 프랑스동맹을 성립시킨 탁월한 정치가이자 외교관이기도 했다. 몇 권의 베스트셀러도 쓴 데다 훗날 자신의 이름을 내건 다이어리도 나왔으니 대단히 성공한 멀티 플레이어임에 틀림없다.

벤저민 프랭클린이 재능 많은 위인이라면, 아레사 프랭클린은 한 가지만 아는 고집스러운 장인이라고 말할 수 있겠다. 그녀는 제2차 세계대전 이후 냉전이 시작되고 흑인 해방 운동이 일어난 60년대에도, 월남전이 일어나고 우주 정거장이 건설되던 70년대에도, 소비에트 연방이 무너진 90년대에도 소울과 R&B라는 한 장르만 묵묵히 파온 싱어송라이터이다. 50년간 같은 장르의 음악으로 37장의 스튜디오 앨범을 발매했으며, 빌보드 차트 1위에 20곡을 올리며 '빌보드 1위 최대 보유자'로 이름을 남겼다. 거의 매년 앨범을 발매한 셈인데, 76세의 나이로 세상을 떠나기 직전까지 공연 투어를 돌았다고 한다.

굳이 나를 벤저민 타입과 아레사 타입으로 구분하라면 분명 아레사 쪽이다. 재주도 많지 않고 기본적으로 한 가지 일밖에 하지 못한다. 예를 들면, 음악을 들으며 걸어가다가 다시 선곡을 하려면 잠시 멈춰서야 한다든지, 말하기와 듣기를 동시에 하지 못한다든지 하는 식이다. (무엇인가를 듣고 있을 때면 그 말에 귀를 기울이느라 적당한 답변이나 의견을 제때 내놓지 못하는데, 그 반대의 경우도 마찬가지다.) 플래너를 좋아해서 프랭클린 플래너를 꾸준히 쓰다가 결국 프랭클린 플래너 강사가 된 사람을 본 적이 있다. 아레사식과 벤저민식을 절묘하게 배합한 삶의 방식이랄까? 세상에는 실제로 이런 사람도 존재한다.

하지만 미니멀리스트들 또한 프랭클린식으로 구분하자면 역시 아레사 타입에 가깝다. 가장 중요한 것 또는 가장 소중한 것을 위해 살아간다는 것은 의식을 분산시키지 않고 한 가지에 집중하는 것이기 때문이다. 살면서 단 한 가지 재능이라도 발견한다면 행복한 삶을 살 수 있다고 생각한다. 꾸준히 한 가지를 갈고 닦으면서 묵묵히 삶의 발자국을 옮겨가는 것이다. 그러면서 '아레사'식 행복(좋아하는 소울과 R&B를 평생 해오다가 좋아하는 소울과 R&B를 들으며 여생을 마감하는 것)을 느낄 수 있다면 그 또한 성공한 인생이 아닐까?

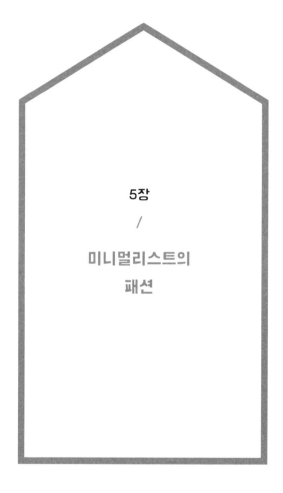

5장

/

미니멀리스트의
패션

컬렉터에서 미니멀리스트로

'당신은 미니멀리스트라고 할 수 없어.'

아내가 앞 베란다 창고를 보고 외쳤다. 내가 미니멀리스트가 되기로 결심한 후에도 한동안 손에서 떠나보내지 못한단 한 가지 물건, 바로 일렉기타 컬렉션 때문이다. 젊은 시절 음악을 하며 여기저기서 수집한 일렉기타들이 창고에 수북이 쌓여 아틀란티스에 파묻힌 고대 유적처럼 점점 존재 가치를 잃어가고 있었다.

원래 내 꿈은 전 세계를 누비며 월드투어 공연을 하는 록스타였고 20대 초중반까지만 해도 인디 밴드에서 기타를 치고 있었다. '음, 다음 투어 일정은 도쿄 돔인가?'라는 대사를 아껴두며 언젠가 있을 그날을 대비했지만, 이 말을 쓸 기회는 결국 오지 않았다.

대신 경영 서적 두어 권을 읽고는 깊은 감동을 받아 '그래, 경영학을 배우려면 역시 본고장으로 가야지'라며 20대 중반에 음악을 접고 대책 없이 미국 대학에 진학했다. 유학 시절 동안 '강제 미니멀리스트'가 되면서 자연스럽게 기타를 멀리했는데, 졸업 후 사회생활을 시작하다 보니 '건전한 취미 활동'이라는 명목으로 기타가 어느새 여덟 대로 늘어 버린 것이다.

록스타로서 성공하기 위한 세 가지 조건이 있다. 열정, 시간, 돈이다. 록스피릿(정신적, 물질적 갈급함을 록음악으로 승화시킬 수 있는 일종의 헝그리 정신)으로 대변되는 열정, 수많은 연습 시간, 그리고 악기를 구입할 충분한 돈이 필요하다. 특히 록기타리스트들의 삶은 미니멀리스트와는 거리가 멀다. 제대로 된 사운드를 구현해내기 위해서는 제대로 된 기타와 이펙터, 앰프가 필요하다. 장비의 가짓수도 많아서, 합주 한 번 하러 가기 위해서는 냉장고 같은 짐들을 잔뜩 짊어지고 다녀야 한다.

게다가 모든 물건에 존재의 목적이 있듯 모든 기타에도 태생적인 목적이 있다. 어떤 기타는 블루스를 위해, 어떤 기타는 그런지록을 위해, 어떤 기타는 헤비메탈을 위해 태어난다. 맥주에는 후라이드 치킨이 어울리고, 와인에는 까망베르 치즈가 어울리듯 제 음악에 꼭 맞는 기타가 존재하는 것이다.

이것이 내가 여러 기타를 보유하고 있는 이유라고 말하고 싶지만 사실 궁색한 변명에 불과하다. 요즘은 기술의 발달로 조그마한 트랜지스터 칩에 오만 가지 사운드를 다 집어넣을 수 있는 시대이기 때문에 기타로 먹고사는 프로가 아닌 이상 적당한 기타 한 대면 취미 생활로 음악을 즐기는 데 아무런 문제가 없다.

기타를 처분하기 위해 창고에 들어갔다가 먼지 쌓인 기타들을 잠시 멍하니 바라보았다. 아마 내가 갖고 싶었던 것은 기타의 물성이 아니라 그 시절의 찬란했던 영광과 다시 돌아올 수 없는 청춘이었을지도 모른다.

수집이라는 취미가 으레 그렇듯, 자신의 만족을 위해 끊임없이 모으고 또 모아도 물건에 대한 갈급함은 끝이 없다. 컬렉터가 느끼는 쾌락은 소유하는 것에 있지 않고 수집의 과정 자체에 있기 때문에 결국은 무엇인가를 모으는 행위를 무한히 반복할 수밖에 없는 것이다. 따라서 마치 어느 순간 금연을 선언하고 담배를 끊어버리듯 단박에 쳐내서 뿌리를 자르지 않으면 소유의 욕망은 또 다시 스멀스멀 기어 올라오게 된다. (창고 속 일렉기타들은 지금 새로운 주인을 기다리고 있다.)

패셔너블한 미니멀리스트도 가능하다

　체 게바라의 멋들어진 옷차림은 오늘날 잘나가는 패션 아이템의 상징이 되어 맥시멀리스트들의 소비를 부추기고 있지만, 정작 본인은 사는 동안 카키색 군복과 검은 베레모 하나로 평생을 보낸 미니멀리스트였다. 총탄이 빗발치는 전장을 지휘할 때도, 대중의 마음을 얻기 위해 민중 앞에 설 때도, 부에노스아이레스에서 모친을 만날 때도, 사랑하는 사람과 결혼할 때도 그의 모습은 언제나 카키색 군복 차림이었다.

　사람이 느끼는 생각과 감정은 제자리에 머물지 않고, 시간과 함께 흐르기 마련이라 자신의 내면을 표출하는 양식 중 하나인 패션도 항상 바뀌게 된다. 따라서 한 가지 옷차림

만을 고집했던 체 게바라를 보면 그가 혁명이라는 단 하나의 신념을 위해 얼마나 자신의 생각을 단순화하고 이를 힘겹게 지켜냈는지 알 수 있다.

나는 패션에 관심이 많아 옷과 액세서리를 굉장히 많이 가지고 있었고 지금도 패션 회사에 다니고 있다. 게다가 자고로 맥시멀리스트 패션의 아이콘이라 할 수 있는 록스타를 꿈꾸었으니 온갖 장신구와 특이한 패션 아이템(콘크리트 못 모양의 반지라던가, 면도칼 모양의 목걸이라던가 하는)을 모으는 것도 당연히 생각했다. 유행에 맞춰 트렌디한 옷을 구입했고, 한정판 나이키 운동화도 꼬박꼬박 사서 컬렉션을 갖춰두기도 했다.

하지만 미니멀리스트가 된 후 옷장을 가득 메우고 있던 옷을 대부분 버렸다. 옷이라는 것은 버리기 가장 편한 물건 중 하나였다. '홀리 트레쉬 존'을 찾아 헤맬 필요 없이 한밤중이라도 100리터짜리 쓰레기봉투에 옷을 주섬주섬 담아 동네 의류수거함에 쓱 하고 그냥 털어버리면 됐다. (요일 제약 없이 곳곳에서 사용 가능한 의류수거함을 설치한 것이 '구청이 한 일 중 가장 잘한 일'이라고 칭송했는데, 나중에 알고 보니 개인사업자가 영리 목적으로 운영하는 시설이었다.)

의류 다이어트를 한 차례 하고 나서 남은 옷은 바지 세 벌, 반팔 티 여섯 장, 긴팔 티 다섯 장, 다운재킷을 포함한 세 벌의 외투, 신발 네 켤레, 정장 두 벌과 코트 한 벌이다. 대부분 일상에서 매일 입는 옷들로 남겨두었지만, 그중에는 사용 빈도가 낮아 공간만 차지하는 옷도 있다. 가끔 외부 강의나 결혼식 같은 경조사에 갈 때만 입고 평소에는 거의 입을 일이 없는 정장 같은 것들이다. (내가 다니는 직장은 출근 복장의 제약이 없다.)

하지만 정장은 마치 서랍에 굴러다니는 잡문서와 같아서 평소에는 전혀 쓸모가 없다가도 어느 순간이 되면 상당히 중요한 역할을 하기 때문에 도저히 버릴 수가 없다. 무엇보다 '급하게 장례식장에 가야 하는데, 정장이 필요해서 말이야…'라며 빌릴 사람이 주변에 없다는 것이 문제였다. 이런 이유로 미니멀리스트의 신조를 거스르긴 하지만, 과감히 두 벌의 정장(하절기용, 동절기용)을 보유하기로 결정했다. (하지만 언젠가 '나는 잡문서도 버렸다'라고 주장하는 미니멀리스트가 등장한다면 이 옷들도 의류수거함에 넣는 것을 진지하게 고민해보려고 한다.)

미니멀리스트들이 쓴 대부분의 책을 보면 '어느 정도의 옷을 보유하고 있는가? 어떤 옷을 남겨 놓았나?' 같은 내용들이 빠지지 않고 등장한다. 같은 미니멀리스트라도 저마다의 기준이 있어 옷의 가짓수가 10개로 충분한 사람이 있고, 30개로 충분한 사람이 있다. 모두 제각기 다르다. 이는 미니멀리즘의 목적 자체가 물건 개수를 줄이는 데 있지 않고,

필요하고 소중한 것에 집중하는 데 있기 때문이다.

　그렇더라도 미니멀리스트들은 옷가지 수가 상대적으로 적기 때문에 '패션에 둔감한 놈' 취급을 받기 마련이다. IT계의 거물이자, 미니멀리스트 복장의 정석으로 손꼽히는 마크 저커버그나 스티브 잡스의 옷차림은 남성 패션지 〈GQ〉에서 '저커버그의 패션은 패션계를 조롱하는 데 영감을 준다', '아이폰은 0.5초에 한 대씩 팔리지만, 잡스의 패션은 업그레이드되지 않는다'며 비난을 받았다. 유명 패션 블로거 린드라 메딘은 심지어 '하품 나올 만큼 지루한 놈코어룩(평범함을 추구하는 패션 스타일)에서 벗어나야 해요. 미니멀리즘은 지옥으로 꺼져주세요!'라며 대놓고 미니멀리스트의 패션을 경시했다.

　뭐 사실, 우리 같은 미니멀리스트들은 쿨한 척하면서 '흥, 내면은 궁핍한 주제에 옷 따위나 소유하면서 잘난 척이라니!'라고 항변하거나 '우리는 더욱 소중한 곳에 시간과 돈을 씁니다'라고 점잖게 대응할 수도 있겠다. 하지만 나같이 패션에 민감하거나 무채색 계통의 단조로운 디자인이 질려버린 미니멀리스트라면 다음의 방법도 옷을 소유하는 좋은 방식이다.

　첫째, 소유할 옷의 가짓수를 정한다. 둘째, 철마다 싫증이 나거나 더 이상 흥미가 없어진 옷을 과감히 의류수거함에 넣는다. 셋째, 새로운 옷을 구입한다. 단, 새로 산 옷의 수가 버린 옷의 수를 넘지 않게 한다. 나의 경우는 틈틈이 옷을 정리하고, 6개월에 한 번 아파트 관리비 정도의 비용을 의류 구매비로 사용한다. 소유하는 데 기준을 정해놓는 것은 굉장히 중요하다. 약속된 제약을 통해 무엇을 남길 것인가를 고민하게 되고 그 과정을 통해 다시 '소중한 것'의 가치를 되돌아볼 수 있기 때문이다.

패셔니스타로서 미니멀리즘을 추구하는 것은 상당히 어렵다는 생각이 들 수도 있다. 하지만 미니멀리스트가 된다는 것은 단순히 생활 습관을 고치는 것이 아니라 삶의 가치관 자체를 바꾸는 것이기 때문에 모든 것을 내려놓는 데까지 그리 오랜 시간이 걸리지 않는다. 미니멀리스트로서의 단순하고 간편한 옷차림 자체가 또 다른 하나의 패션으로 인식되기도 한다. 중요함의 가치가 바뀌는 순간, 생활양식도 계절이 바뀌듯 자연스럽게 바뀌어간다.

미니멀리스트의 가방

1969년, 비틀스는 〈애비로드 Abbey Road〉를 발매한 뒤 역사 속으로 사라졌고 미국은 베트남을 폭격했으며 체 게바라는 서른아홉의 나이로 볼리비아에서 생을 마감했다. 체가 사망한 직후 그의 가방이 공개되었다. 가방 안에는 열두 통의 필름과 스무 장의 지도, 소형 무전기, 그리고 두 권의 비망록과 녹색 노트 한 권이 들어 있었다.

체는 붙잡혔을 당시 오랜 게릴라전으로 심각한 영양실조를 겪고 있었고 총상까지 얻어 형편없는 모습이었다. 그런데도 그의 가방에선 비상식량이나 상비약 같은 것을 찾아볼 수 없었다. 오직 혁명이라는 목적에 맞게 게릴라 전략에 필요한 몇 가지 도구들과 메마른 전장에서 잠시나마 가슴을 적셔줄 비망록, 그리고 그가 좋아했던 시가 필사된 노트 한 권이 다였다.

이것이야말로 진정한 미니멀리스트의 가방이라고 말하고 싶다. 가장 중요한 것이 무엇인지 알고 그것만을 들고 전장에 뛰어드는 용기. 이것이 그가 보여준 전장에서의 미니멀 라이프였던 것이다.

미니멀 라이프를 실천하기 전 나는 전형적인 컬렉터로 항상 무엇인가를 모으고 있었다. 유치원 때는 종이딱지 수백 장이 있었고, 초등학교 때는 만화책을 사 모았다. 만화 주간지 〈소년 챔프〉는 창간호부터 사 모았기 때문에 바닥에 깔아서 침대를 만들 정도로 많았다. 중·고등학교 시절에는 진귀한 수입 CD 컬렉션으로 취미를 옮겼고, 대학 시절 이후에는 프라모델과 피규어를 수집했다.

결혼 후에는 인테리어에 관심이 생겨 특이하게 생긴 공병만 봐도 가져와 방에 진열하기 시작했다. 거실 한쪽이 빈병, 틴케이스, 레트로 선풍기나 타자기 같은 인테리어 소품으로 가득 차 있었다. 이런 취미가 30대 초반까지 지속되다 보니 좁은 집에 인테리어 소품, 프라모델, 유아용품, 만화책들이 한데 굴러다니며 온 집 안이 물건으로 가득 찼다.

내 나이 서른여섯, 빌 게이츠가 억만장자가 되었고 스티브 잡스가 NeXT를 설립했으며, 체 게바라가 또 다른 혁명을 결단하던 나이, 나 또한 인생의 전환점을 맞는다. 사사키 후미오를 통해 미니멀 라이프를 접한 후 모든 물건을 처분하고 미니멀리스트가 된 것이다.

남겨둔 것은 가방 한 개뿐. 옷을 제외한 소지품을 백팩 하나에 넣을 수 있을 정도로 간소화했다. 내 가방 속에는 매일 날씨를 확인하는 시간이 아까워 항상 넣고 다니는 우산이 있고 어디서나 원고를 작성할 수 있도록 노트북 컴퓨터도 들어 있다. 목을 따뜻하게 해주는 스카프 하나와 노트북 전원 케이블이나 마우스 등 잡동사니가 들어 있는 검은색 파우치, 가죽 케이스를 씌운 이어폰과 카드 지갑 또한 가방 속 필수품이다. 책도 몇 권씩 넣어 다녔지만, 최근에 전자책으로 바꿨다.

어디를 가나 이 백팩 하나만 매면 훌쩍 떠날 수 있다. 모든 소지품을 가방 하나에 넣어 모든 곳을 다닐 수 있게 되니 참 간편하다. '체' 선생님에 비할 바는 아니지만 나름의 미니멀 가방을 구축한 것이다.

인생이라는 여행에 있어 무엇을 가지고 갈지, 무엇을 버리고 갈지 아는 것은 중요한 일이다. 한 번 떠나면 다시 돌아올 수 없는 인생이라는 모험을 위해 각자의 소중함을 가방에 담는다. 누군가에게는 넉넉한 돈다발이나 충분한 식량일 수도 있고, 누군가에게는 여행을 기록하기 위한 일기장이나 추억이 담긴 사진 한 장일 수도 있다. 우리에게 필요한 것은 가장 소중한 것을 담기 위해 가방을 비우는 작은 용기일 뿐이다.

옷장을 비우면 채워지는 것들

한 연구에 따르면 여성의 85퍼센트는 자신에게 맞지 않거나 한 번도 입지 않는 옷을 소유하고 있는 것으로 나타났다. 과학자들은 이처럼 입지 않는 옷이 옷장에 계속 쌓이는 이유에 관해 연구했는데 그 이유 중 하나는 인지편향 때문이라고 한다. 즉, 자신의 신념에 부합하는 정보는 받아들이고 그렇지 않은 정보는 무시하는 경향 때문에 실제로는 필요하지 않지만, 옷을 보는 순간 판단이 멋대로 왜곡되어 그 옷이 꼭 필요하다고 생각한다는 것이다.

나는 패션 회사에 다니기 때문에 상대적으로 양질의 옷을 굉장히 싼 가격에 구입할 기회가 많다. '패밀리 세일'이라는 명목하에 악성 재고들을 80~90퍼센트 할인된 가격에 팔아

버리는데, 이럴 때면 필요 없는 옷인데도 '이건 선물용으로 좋겠는데!' 또는 '저번에 누가 필요하다고 하지 않았나?'라면서 거의 반사적으로 사두게 된다. 그리고 시간이 흘러 창고에 쌓여 있는 새 옷들을 보고 나서야 누군가에게 선물할 기회가 그리 많지 않다는 사실을 깨닫는다.

물론 내 옷장에도 옷이 넘쳐났다. 옷이란 유행에 따라 입을 수 있는 옷과 그렇지 않은 옷으로 구분되기 때문에 매년 새로운 옷을 구입하고, 유행이 지난 옷들은 언제 다시 돌아올지 모르는 유행에 대비해 차곡차곡 정리를 해두었다. 회사에서 주기적으로 가지고 오는 옷들은 물론이고 나이가 듦에 따라 더 이상 어울리지 않는 옷도 혹시 입고 싶을 때를 위해 잘 보관해두었다.

하지만 앞서 이야기했듯이 사사키 후미오의 텅 빈 옷장을 본 뒤로 나는 미니멀리스트가 되어 옷장을 깨끗이 비워버렸다. 필요 없는 옷이나 유행이 지난 옷을 처분한 것이 아니라, 말 그대로 거의 모든 옷을 미련 없이 단번에 버렸다. 필요한 옷가지만 추려 옷걸이에 걸고 수납장의 모든 잡동사니들도 치워버렸다. 누가 봐도 간결하고 깔끔하게 정돈된 아름다운 옷장이었다. 빈 수납장에는 백팩과 노트북 컴퓨터를 각각 넣어 놨다. 어지럽혀져 있는 방 안을 보다가도 단정하게 정리된 텅 빈 옷장을 열어보면 큰 위안을 받았다.

그런데 며칠 후 퇴근해보니 놀라운 일이 벌어졌다. 아내가 텅 빈 내 옷장을 보고 자신의 옷을 모두 집어넣은 것이다. 나는 일본의 진주만 공습에 가까운 기습적인 공격에 허를 찔리고 말았다. 아내가 이렇게 신속하고 민첩하게 무언가를 행동에 옮기는 것을 본 적이 없었기에 더욱 당황스러웠다.

각자에게 공평하게 할당된 공간을 마음대로 사용할 권리를 돌려달라고 했더니 옷장이 부족하니 옷장을 더 사달라는 답변이 돌아왔다. 미니멀리즘 건축의 거장, 미스 반 데어로에는 'Less is more'라는 명언으로 '비울수록 채워진다'는 메시지를 세상에 전했는데, 정말 나의 옷장도 비우니 가득 채워진 것이다.

사람은 본능적으로 빈 것을 채우려 한다. 빈 잔은 술로 채우고 공허한 빈 마음은 물건으로 채운다. 이전에 한 잡지 인터뷰에서 유명한 스님이 '나이 일흔에도 버리는 것이 힘들다'라고 말한 것처럼 채우기 위해 비우는 지혜를 실천하기란 여간 어려운 일이 아니다.

하지만 채우고 싶은 욕구를 잠시 누르고, 있는 그대로의 모습과 삶의 여백을 받아들이면 우리는 새로운 채움을 경험할 수 있다. 옷장을 비우면 타인의 시선에서 자유로움을 얻게 되고, 마음을 비우면 누군가가 내 마음에 들어온다.

미니멀리스트의 팬티

패션과는 무관하게, 순수하게 기능성만 보고 구입하는 의류는 팬티가 유일하다. 팬티를 살 때는 마치 배트맨의 집사 알프레드와 같이 드러나지 않으면서 제 기능에 충실한 녀석을 고른다. 내가 팬티를 고르는 기준은 쿨맥스 소재인가 아닌가의 유무다. 쿨맥스는 빠른 건조와 통풍 때문에 원단 자체가 브랜드화된 전설적인 소재인데, 나는 쿨맥스가 50퍼센트 이상 들어간 혼방 제품을 선호한다. 내가 유독 기능성 팬티에 집착하는 이유는 팬티가 딱 일곱 장만 있기 때문이다. (미니멀리스트가 된 이후 하루에 한 장씩 입을 생각으로 일곱 장의 팬티만 남기고 모두 처분했다.)

나는 일주일에 딱 한 번, 토요일에 모든 빨래를 몰아서 한

꺼번에 하는데, 여러 사정으로 일요일에 빨래하게 될 경우 당일 입을 팬티가 없는 불상사가 발생한다. 따라서 급하게 빨래를 돌리고 헤어드라이어로 슥 말려주면 바로 입을 수 있는 속건성 섬유 팬티가 제격인 것이다.

미니멀리스트는 넉넉하게 음식을 사놓거나 생활용품의 충분한 여유분을 구비해놓지 않기 때문에 상대적으로 일정이나 타이밍 관리를 중요하게 생각해야 한다. 조금이라도 신경을 쓰지 못하면 일곱 장의 팬티를 모두 소진해버리는 난감함을 겪게 되기 때문이다. 물론 관리할 물건의 품목 자체가 그리 많지 않기 때문에 조금만 신경을 쓰면 이런 불편은 피할 수 있다.

최근에 베트남 다낭에 다녀왔다. 장모님을 모시고 오랜만에 다 같이 떠나는 가족 여행이었다. 여행 전날 늦은 시간까지 원고를 작성하고 있으니 아내는 짐을 다 챙겼느냐고 몇 번이나 물어봤다. 난 가방에 반바지 두 벌과 티셔츠 세 벌을 적당히 구겨 넣고 여행 준비도 미니멀하게 끝냈다고 대답했고, 그렇게 다낭행 비행기에 몸을 실었다.

하지만 숙소에 도착해서 샤워를 하는 순간 중요한 사실을 깨달았다. 팬티를 놔두고 온 것이다. 처음에는 마치 피부가 벗겨지기라도 한 듯 호들갑을 떨었지만, 곰곰이 생각해보니 팬티 또한 학습된 소유물에 불과하다는 생각이 들었다. 인류는 수천 년 전부터 팬티를 입어왔지만, 근대 팬티의 원형이 개발된 지는 불과 100년이 채 되지 않는다.

일본의 미니멀리스트 아즈마 가나코는 냉장까지 하면서 오래 보관해야 하는 식재료는 없다며 냉장고마저 처분해버렸는데, 이 또한 냉장고를 하나의 학습된 소유물로 생각한 것이다. 여기까지 생각하니 당연히 입어야 한다고 여겼던 팬티의 존재를 의심해보게 되었다. 데카르트가 왜 '의심의 여지가 없는 진리도 의심해보라'고 했는지 이해가 갔다.

그리고 나는 이내 '팬티 없는 휴가Vacation without underwear'를 보내기로 결심했다. (최근 미국에서는 '아이 없는 휴가Vacation without kids'가 사회적인 이슈가 되고 있다.) 팬티 없이 생활한다는 것은 휴대전화를 놔두고 출장을 온 것처럼 찝찝함과 허전함으로 시작되었지만 하루 정도 지나니 별 거리낌이 없어졌다. 샤워를 하고 몸을 탈탈 털고 슥 하니 바지 하나만 입어버리면 되는 것이다.

짧은 휴가가 끝나고 일상으로 돌아오자 자연스럽게 다시 팬티를 입게 되었다. 휴가지에서만큼은 완벽한 자유와 함께 누구나 미니멀리스트가 될 수 있다. 하지만 현실로 돌아올 때면 양손 무겁게 기념품을 들고 수많은 물건 속에 둘러싸이듯 다시 팬티를 입게 되는 것이다. 마치 형상기억합금처럼 온몸에 각인되어 있던 소유 세포가 다시 발동하여 저항

할 수 없게 소비를 부추기는 것이다. 이따금 소비욕이 끓어 오르면 뜨거운 태양 아래 노팬티로 자유롭게 거닐던 그때를 떠올린다.

제대로 된 좋은 물건을 산다

일본의 셰익스피어라 불리는 나쓰메 소세키는 집필 기간 동안 영국 전통 클래식 만년필인 오노토 마그나 1937을 사용했다. 존 스타인벡은 자신에게 맞는 연필을 찾아 평생을 헤맨 끝에 전설의 연필이라고 불리는 블랙윙 602를 손에 넣고《에덴의 동쪽》을 집필했다. 요즘은 만년필이나 연필 대신 컴퓨터로 글을 쓰는 시대이므로 수많은 작가들이 자신의 손에 꼭 맞는 키보드를 찾아 유명 제조사를 찾아다니리라는 상상도 꽤 있을 법하지 않나 싶다. 예를 들면 스티븐 킹은 84년에 생산된 IBM의 '모델 M' 기계식 키보드를 사용한다든가, 무라카미 하루키는 토프레사의 리얼포스 101키 키보드만을 고집한다는 식으로 말이다.

나도 최근에 키보드를 하나 구매했다. 노트북에 연결해 사용하기 위한 용도였다. 노트북 키보드는 키감이 좋지 않아 빠른 속도로 입력할 경우 오타가 너무 많이 생겼다. 무엇보다 글 쓰는 사람에게는 제대로 된 키보드 하나쯤은 있어야 하지 않나 생각이 들었다.

'미니멀리스트도 생필품 이외에 물건을 사느냐?'고 물어볼 수 있겠다. 그렇다, 물건을 산다. 사사키 후미오는《나는 단순하게 살기로 했다》출간 이후 책상과 의자를 구입했다. 아무것도 없이 생활하던 그가 세간의 주목을 받기 시작한 시점에 덩치 큰 가구를 구입한 이유는 '책상이 없으니 게을러져서'라는 것이었다. 그는 '미니멀리스트니까 자제해야 한다'라는 생각으로 물건의 개수에 집착하기보다는 정말 필요하다고 생각되는 것을 과감히 구입하는 면모도 보였다.

《심플하게 산다》의 저자이자 유명한 미니멀리스트 중 한 명인 도미니크 로로는 물건을 고를 때는 어설픈 물건을 치워버리고 아름다움과 실용성을 겸비한 완벽한 물건을 고르라고 조언한다. 로로는 좋은 물건은 소량만 생산되기에 그만한 가격의 대가를 치러야 한다고 말한다. 살 때 비싸더라도 제대로 된 물건을 사야 한다는 것이다.

나 역시 조금 비싸더라도 평생 만족하며 즐겁게 사용할 수 있는 키보드를 구매했다. 키보드 하우징은 메탈 재질로

은은한 광택이 돌았고, 안정감 있게 묵직해서 흔들림 없는 타이핑이 가능했다. 천연 유기 염료를 사용한 듯한 쉬폰 화이트의 키캡은 누를 때마다 슬롯머신에서 터지는 잭팟 소리만큼이나 아름다운 소리가 났다.

많은 사람이 미니멀리스트들은 금욕주의자들이라 싼 물건을 고를 것으로 생각하지만 이와 정반대다. 물건이 사고 싶어지면 오랜 시간 충분히 시간을 들여 정말 필요한 것인가, 정말 중요한 것인가를 고민하는 시간을 가진다. 이런 시간을 통해 확신이 들면 가격에 상관없이 마음에 드는 가장 좋은 제품을 구입한다.

6장

/

미니멀리스트의 몸

고지혈증 걸린 미니멀리스트

사사키 후미오는 물건을 줄이고서 몸무게가 10킬로그램 줄었다고 한다. 물건을 버리다 보면 기氣의 흐름이 좋아져서 몸이 가벼워진다는 것이 그의 설명이었다. 그런데 아쉽게도 내 경험에 의하면 꼭 그렇지만은 않았다.

물론 미니멀리스트는 끊임없이 버리는 훈련을 통해 무한한 인간의 욕망을 통제하는 능력이 일반인에 비해 나을 수 있다. 하지만 식욕이라는 것은 끊임없이 쏟아지는 폭포수와 같아서 불가항력적으로 그냥 흐르는 경우가 많다. 단지, 필요할 때 적절한 식욕을 흘려보낼 수 있게 이성의 저수지를 가능한 높고 견고하게 쌓아두는 것이 필요한 뿐이다. 그리고 그 일을 비교적 묵묵히 실천하는 사람들이 바로 미니멀리스트들이다.

그런데 나는 고지혈증에 걸린 미니멀리스트가 되었다. 사사키 후미오는 뚱뚱한 미니멀리스트를 만나본 적이 없다고 단언했는데, 아마 고지혈증 미니멀리스트가 한국에 있다고 하면 놀라서 만나러 오지 않을까 싶다. 참고로 고지혈증이란 혈액에 지방이 많이 껴 있는 상태로 심근경색, 동맥경화, 뇌졸중의 원인이 되기 때문에 호환, 마마, 전쟁보다도 무시무시한 질병이다.

어느 날 회사에서 시행한 건강검진 결과표를 받아보았는데, 중성지방과 내장지방의 수치가 갓 레벨업한 RPG 게임의 HP(Hit Point, 체력을 나타내는 게임 전문용어) 막대처럼 오른쪽 끝까지 올라가 있었다. 그 순간 나는 마치 무분별한 불량, 불법 비디오를 시청한 어린이같이 '이건 숨겨야 해'라는 생각부터 들었다. 머릿속에 메아리치는 아내의 잔소리가 들려왔기 때문이다.

나는 전형적인 초딩 입맛이라 건강에 좋은 식품들(정확히 말하자면 건강하단 말로 포장된 맛없는 음식)은 가급적 멀리하고 햄, 소시지 등 가공육류와 케첩을 잔뜩 묻힌 튀김 등을 좋아한다. 회사에서 야근하면서도 냉동식품, 인스턴트, 패스트푸드 및 레토르트 음식을 사먹는다. 이는 바쁜 회사 업무 때문에 빨리 먹고 신속히 업무에 복귀하기 위함은 아니고, 단순히 편의점 음식이 너무 맛있기 때문이다. (나는 심지어 생과일보다 프루트칵테일 통조림이 적어도 맛에 있어선 우위라고 생각하는 사람이다.) 그러니 아내는 항상 '제대로 된 음식을 사 먹어라, 차라리 김밥을 사 먹어라' 노래를 부른다.

나는 미니멀리스트가 되기로 결정한 이후 '그래, 미니멀리스트는 자고로 자신을 컨트롤할 줄 아는 사람이니 하루에 1끼만 먹겠다'라는 결심을 했다. 당시에 '간헐적 단식'이나 '1일 1식'이 유행하고 있었기 때문이다. 문제는 이것이 '간헐적 폭식'과 '편의점 1식'이 되어 버렸다는 사실이다. 하루 1식으로 적게 먹되 건강한 음식으로 균형 잡힌 식사를 하라고 했지만, 하루 1식을 폭식하고 인스턴트만 먹게 된 것이다. 이런 식생활을 1년 이상 하다 보니 몸은 마르고, 지방은 잔뜩 낀 고지혈증 미니멀리스트가 돼버렸다.

비만과 미니멀리즘

먹는 것을 절제하고 가장 소중한 것을 위해 물건을 버리는 '고지혈증 미니멀리스트'가 된 나는 병원을 찾아갔다. 담당 의사는 짜고, 달고, 기름지고, 자극적인 음식을 피하고 밀가루, 육류, 라면, 과자, 아이스크림, 달걀을 먹지 말라고 했다. 마치 허리 디스크로 병원을 찾았을 때 '오래 앉아 있지 마시고, 오래 서 있지 마시고, 오래 운전하지 마시고, 오래 운동하지 마시라'라고 한 의사의 권고와 비슷했다. (아마 '오래 누워 있지 마시라'라는 얘기도 한 것 같다.)

당최 먹을 것이 없었다. 하지만 성인병 판정은 다소 충격적이어서 그날부로 편의점 샐러드를 사 먹기 시작했다. 혹여나 '편의점에서 웬 샐러드냐?'라고 물을 수도 있겠다. 편의점

마니아로서 항변하자면, 편의점 샐러드는 상당히 신선하고 종류도 다양해, 매일 질리지 않고 세계 각국의 드레싱으로 버무려진 샐러드를 맛볼 수 있다. 위생적이고 현대적인 시설에서 과일과 채소가 여러 번 세척된 뒤 신속하게 진공 포장되어 지역별 점포로 이동하는 것이라 제조 공정도 믿을 만하다.

하지만 샐러드만 먹자니 영양 불균형이 걱정됐다. 그래서 샐러드와 함께 맥도날드에서 '행복의 나라' 햄버거 시리즈(맥도날드의 저가 라인 햄버거로, 네 종류의 햄버거가 있다.)를 매일 돌려가며 먹기 시작했다. 개인적으로 햄버거는 3대 필수 영양소인 탄수화물, 지방, 단백질을 골고루 갖춘 완벽 식품이라고 생각한다.

사람의 몸이란 매우 정직해서 식단 조절을 하고 2개월이 지나자 모든 수치가 정상화됐다. 단 2개월 만에 고지혈증을 극복하자 몸에 대한 자신감이 붙어 조금씩 원래 식단으로 돌아갔더니 치명적인 '요요현상'이 찾아왔다. 하루에 500킬로칼로리만 섭취를 하다가 다시 편의점 일반식으로 돌아서니 몸무게가 9킬로그램 정도 쪄버린 것이다.

이전까지는 단순히 먹는 것을 절제하고 가장 소중한 것을 위해 물건을 버리는 고지혈증 미니멀리스트였다면, 이제는 먹는 것을 절제하고 가장 소중한 것을 위해 물건을 버리

는 '비만 고지혈증 미니멀리스트'가 된 것이다. 부들부들한 뱃살 때문에 허리띠를 벗어던졌고, 무릎 관절에 무리가 오기 시작했다. 고지혈증은 참을 수 있어도 비만이 되는 것은 스스로 용납할 수 없었다. 나는 그룹사운드 Metal & Mabasa의 리드기타를 맡고 있었는데 무엇보다 뚱뚱한 기타리스트는 간지(感じ, 감각, 느낌 등을 뜻하는 일본어)가 안 났다.

뚱보가 되어가는 록스타를 바라보는 것처럼 비참한 것은 없다. 날렵한 턱선과 탄탄한 몸매를 뽐내던 건즈 앤 로지즈의 액슬 로즈는 40대가 넘어서자 뚱보가 되었고, 스키드 로우의 꽃미남 보컬 세바스찬 바흐도 세월이 흐르자 꽃돼지가 되었다. 잉베이 맘스틴은 살이 붙자 '뚱베이 맘스틴'이라는 별명과 함께 '화이트 B. B. King'이라는 말까지 들어야 했다. 그의 제한된 프레이즈와 속주 테크닉을 비하해 '기타 좀 빨리 치는 돼지'로 평가받았으니 삶의 무게보다 살의 무게 때문에 더 많은 고통을 받은 셈이다.

아무리 훌륭한 미니멀리스트라도 자신의 체중과 건강을 관리하는 것은 너무 어렵다. 물건과 다르게 식욕은 눈에 보이지 않기 때문이다. 사실 식습관도 하나의 중요한 생활양식이라 건강을 유지하기 위해서는 물건을 버릴 때와 마찬가지의 결단과 용기가 필요하다. 어제는 야근을 하며 야채김밥 두 줄을 먹었다. 살기 위해 먹지만, 결국 먹는 것을 중단할 때 살 수 있게 되기도 한다. 쓰레기 같은 음식은 버리고, 건강에 유익한 음식에 집중하는 삶. 이것이 식욕이라는 거대한 조류에 휩쓸리지 않고 건강한 미니멀리스트로 남는 길이다.

절식보다 조화식

나는 미니멀리스트답게 하루에 한 끼를 먹거나 또는 두 끼를 먹되 간소하게 먹는다. 점심은 주로 한솥도시락, 저녁 은 편의점 도시락이다. 앞에서도 밝혔듯이 내 입맛은 21세 기 전형적인 현대인의 입맛으로 각종 튀김과 인공 조미료가 잔뜩 들어간 가공육류와 인스턴트 식품을 좋아한다. 따라서 이 모든 것이 작고 아름다운 상자 안에 조화를 이루며 담겨 있는 도시락을 선호한다.

한솥도시락에서 주로 점심을 하는 이유는 회사 근처의 유 일한 도시락집이기 때문이기도 하지만 갓 지은 듯한 고슬고 슬한 쌀밥 도시락과 인스턴트 라면을 동시에 팔기 때문이기 도 하다. 도시락과 인스턴트의 환상의 조우, 이것만으로도 내가 이곳을 이용할 이유가 충분하다. (한솥도시락 공식 홈페이지에 보면 '맑고 깨끗한 자연환경에서 재배된 식재료가 아니면 한솥이 될 수 없다'고 쓰여 있는데 나는 이 말을 굉장히 신뢰한다.)

5년간 이 한 집만을 이용했기 때문에 가장 대표 메뉴이자 기본 도시락이라 할 수 있는 '도련님' 도시락부터 최근에 런칭한 '시그니처' 도시락까지 거의 모든 메뉴를 먹어봤다. 나는 미니멀리스트답게 단순한 구성의 도시락을 선호하기에 주로 덮밥류나 기본 사각 도시락, 나시고랭을 먹는 편이다. (한솥은 동양과 서양, 신과 구의 조화를 추구하는 다양한 메뉴를 갖추고 있다. 참고로 한솥도시락의 그 어떠한 스폰도 받지 않았음을 밝힌다.)

내가 도시락을 먹을 때 가장 중요시하는 것은 바로 '조화 harmony'다. 반찬과 반찬 사이의 조화, 반찬과 밥 사이의 조화를 꾀하며 반찬을 먼저 먹어 치운다든지, 밥을 너무 많이 먹어 반찬이 남는 상황이 발생하지 않도록 신경을 쓴다. 밥과 반찬의 적정한 배분과 조합을 통해 아주 공정하고 평화로운 방식으로 먹는 것이다.

예를 들면 도시락에는 조각 김치가 보통 5개 정도가 들어 있으므로 정확히 밥의 5분의 1지점에서 김치 한 개를 먹는다. 쌀밥 한 숟가락에는 돈가스의 10분의 1조각과 미역 줄기 한 조각, 샐러드 한 개를 올려 먹는다. 나는 이 한 숟가락의 조합을 '콤보'라고 부른다. 보통 3단 콤보를 넣고 김치 한 조각, 다시 3단 콤보를 넣고 단무지 한 조각, 이런 식의 식사를 하는 것이다.

미니멀리스트의 삶은 맥시멀리스트와 조화를 이뤄야 한다는 점에서 도시락을 먹는 것과 닮았다. 한 가지 반찬만 편식해서 먹을 경우 너무 짜고, 밥만 먹게 될 경우는 맛이 안 난다. 물론 영양의 밸런스도 무너져 건강에 좋지도 않다. 맥시멀리스트와 함께 삶이라는 식사를 향유해야 하는 미니멀리스트는 적절한 수준의 의식적 교류를 통해 균형 있는 한 숟가락을 찾기 위해 노력해야 한다.

그리고 묵묵히 숟가락을 뜨는 것이다. 소시지 반찬이 없을 때도, 밥이 설익었을 때도 말이다. 그러다 보면 우리는 어느새 삶의 마지막 숟가락을 들게 될 시간을 맞을 것이다. 그리고 그 순간에는 이렇게 말할 수 있을 것이다. '감사하다. 맛있는 식사였다…'라고.

카페인의 디테일

머릿속에는 '창의의 문'을 지키고 있는 두 명의 난쟁이가 살고 있다. 다소 완고하고 고집이 센 녀석은 데니스, 또 다른 한 명은 말수는 없으나 온순하고 동정심이 많은 윌슨이다. 데니스와 윌슨은 교대로 문을 지키고 있는데, 누가 문지기를 맡느냐에 따라 원고의 질이 달라진다. 윌슨이 당번일 경우, '이봐, 마감이 코앞이라 말이야…. 사정 좀 봐주게' 하면 이내 '그렇다면, 할 수 없지…'라며 창작의 문을 스르륵 열어준다. 그럼 막혀 있던 이야기의 흐름이나 원고의 아이디어가 샘솟듯 넘쳐난다.

이에 비해 데니스는 쉽게 문을 열어주는 법이 없다. 그가 가장 좋아하는 것은 커피 카페인인데, 창작의 문을 열기 위해서는 카페인으로 통관세를 지불해야 한다. 카페인을 한 사발 들이켜고 나서야 '음, 이제 슬슬 문을 열어볼까?' 생각하는 것이다. 이것이 내가 이해하는 창작의 메커니즘인데, 아마 대부분의 작가들이 원고를 쓰면서 커피를 마시는 이유일 것이라 생각한다.

바흐는 '나는 커피가 없으면 그저 말린 염소 고기에 불과하다'라며 커피 없이는 창작 활동을 거부했다. (그는 커피를 하도 마신 탓인지 나중에 커피 칸타타도 작곡했다.) 발자크 역시 커피가 없다면 글을 쓸 수 없다며 하루에 50잔의 커피를 마셨고, 프랭크 바움도 커피의 힘으로 《오즈의 마법사》를 탈고했다.

나 또한 글을 쓰는 동안은 항상 커피와 함께한다. 제대로 된 글을 쓰고 싶다면, 역시 예가체프로 내린 드립 커피가 제격이고, 간단한 글이나 원고 수정을 할 때는 원두 미립자가 들어간 인스턴트커피도 괜찮다. 단, 데니스가 싫어하는 카제인 나트륨은 피해야 한다.

최근에 집에 있는 커피머신을 바꿨다. 크림색의 일리 캡슐 머신인데, 단순히 디자인이 예쁘다는 이유로 아내가 독일 제품을 구매 대행을 통해 들여왔다. (배송까지 한 달이 걸렸는데, 커피 캡슐을 받기까지 또 다른 한 달을 기다려야 했다.) 동시에 그동안 인생의 고락을 함께해온 헤밀턴 비치사의 드립 커피 머신에게는 영면을 빌어주며 분리수거장에서 작별을 고했다.

(난 미니멀리스트라 같은 기능을 가진 둘 이상의 제품에게는 자비를 베풀지 않는다.)

캡슐 머신이라는 것은 양적으로든 질적으로든 항상 뭔가 부족하다는 느낌이 든다. '부르릉' 소리와 함께 작은 몸체를 바들바들 떨면서 찔끔찔끔 힘겹게 커피를 내리고 있는 모습을 보면, 건강 검진의 소변 검사가 연상된다. '중간뇨를 선까지 받으시오'라는 가이드에 따라 중간뇨를 받기 위해 소변을 의미 없게 방출시켰는데, 나중에 기준선까지 차지 않아 한 방울, 한 방울 쥐어짜내 겨우 권장 용량을 맞추는 식인 것이다.

비단 커피의 용량뿐 아니라, 질적인 면에서도 부족함을 느끼게 된다. 캡슐 머신은 누구나 동일한 품질의 에스프레소를 추출할 수 있는 편리함을 받은 대신, 그 편리함의 대가로 루시퍼에게 21그램의 영혼을 빼앗긴 것 같다. (던컨 맥두걸는 영혼이 떠났을 때 사람의 무게를 측정해 영혼의 무게가 21그램임을 밝혀냈다.) 아마 작은 캡슐에 분쇄된 원두를 탬핑하는 과정에서 커피 영혼의 일부가 빠져나와 완전함을 잃게 된 것이 아닐까 싶다. 이런 이유로 캡슐 머신을 멀리하게 되었는데, 이 때문에 내 머릿속 창의의 문이 굳게 잠겨 글의 수준이 이러함을 이해해주시기 바란다.

아픈 뒤에 남는 것들

    아침에 일어나니 몸 상태가 이상했다. 목이 상당히 아프고 미열이 났다. 난 이런 식의 예측치 못한 상황을 달가워하지 않는다. 항상 같은 시간에 일어나 첫 번째 지하철을 타고 정해진 카페의 정해진 자리에서 정해진 커피를 마시는 것이 내 하루의 시작이다. 만일 조금이라도 늦게 일어나 두 번째 지하철을 타게 되거나 누군가 내가 항상 앉는 창가 자리에 앉아 있거나, 생각보다 길어진 로스팅 시간 때문에 탄 맛이 섞인 커피를 마시게 된다면 하루의 흐름이 깨지면서 잠자리에 들 때 1톤 정도의 피곤함이 남게 된다.

    난 몸의 변화에 상당히 둔감한 편인데, 심한 통증이 느껴질 정도로 몸이 좋지 않았기에 바로 동네 상가에 있는 병원에서 진단을 받았다. (이 병원 의사는 고위 공무원처럼 권위적이고 사무적인 말투로 환자를 마치 불량품 검수하듯 다루기 때문에 평소에 상당히 꺼리는 곳인데도 자발적으로 찾아갈 정도였으니 몸 상태가 심각하긴 했다.) 의사는 면봉 같은 것으로 콧속을 힘껏 휘저으며 한참을 농락하더니 이내 '어, 이거 독감이네, 독감이야'라며 태연하게 말했다. 독감이라는 말에 놀라 다시 물었더니 '독감이라고, A형 독감. 봐? 색깔 변하지?'라고 아무렇지 않게 재차 답변했다. '음, 독감이군' 하고 아무렇지 않게 응수해주면 좋았을 것을 처음 겪는 일이라 당황해서 어떻게 대처해야 하는지 물어보려는 순간 의사는 '다음!'이라고 큰 소리로 외쳤다. (두 번 다시 이 병원에 오지 않기로 다짐했다. 그러고 보니 이전에도 같은 생각을 했던 것 같다.)

이렇게 순도 100퍼센트 독감 판정을 받은 나는 회사로부터 얼마 남지 않은 휴가를 모두 강제집행당했고, 집에서도 격리당해 방 한 칸에서 지내기 시작했다. 말 그대로 '고립'이었다. 아내는 내가 아이들과 말 섞는 것도 싫어했고 스스로도 나랑 최소한의 소통만 하려 했다. 이 기간 동안 내가 아내와 나눈 대화는 수신호로 표현할 수 있을 만큼 적다. 독방에 갇힌 채 때마다 끼니만 간간히 배급받았고 식사를 마치면 무기력하게 타미플루를 복용했다.

난 이때 내 생애에 있어 얼마 있지 않을 '완벽한 단절'을 겪었다. 갈 곳이 없어지고, 할 일이 없어지고, 오직 공간과 시간과 나 자신만이 남은 것이다. 그야말로 익스트림 미니멀 라이프였다. 빅터 프랭클이 아우슈비츠 수용소에 갇혀 온몸을 통제당한 채 의식의 흐름이란 자유만 누릴 수 있었던 것처럼 내가 할 수 있는 것은 그저 캄캄한 방에 누워 머릿속에 떠오르는 대로 이 생각 저 생각을 하며 잠이 들고 깨기를 반복하는 것뿐이었다.

그렇게 시간을 허비하다가 바닥에 누워 (미니멀리스트인 나는 침대를 버렸다.) '삶에서 정말로 중요한 것이 무엇인가'에 대해 곰곰이 생각했다. 모든 사회적 지위나 역할이 거름망에 다 걸러지고 순수한 자신만이 남게 될 때, 그때 내게 중요한 것은 무엇인가를 생각한 것이다. 빌 하이벨스는 '아무도 보는 이가 없을 때 당신은 누구인가?'라는 질문을 남겼는데, 미니멀리스트라면 한 번쯤 생각해야 봐야 할 질문이 아닐까 싶다. 동시에 미니멀리스트가 되는 것이 어려운 이유는 겉으로 드러나는 물건을 없애는 것보다 마음속에 있는 가장 중요한 가치를 찾기 어렵기 때문이 아닐까 하는 생각을 어렴풋이 하다 다시 정신을 잃었다.

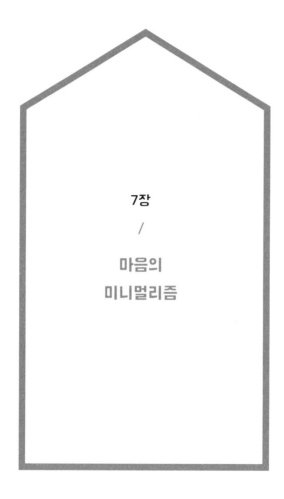

7장

/

마음의
미니멀리즘

마음의 분리수거

단순히 눈에 드러나는 물건을 줄이는 것보다 중요한 것은 마음의 물건을 줄이는 일이다. 그런데 문제는 이것이 상당히 어렵다는 데 있다. 눈에 보이는 물건은 누군가에게 주거나 버리면 된다. 하지만 마음의 물건은 쉽게 버려지지 않는다. 실체도 없을뿐더러 물건의 크기도 상황과 시간의 흐름에 따라 가변적이기 때문이다.

시간이 흐를수록 집 안의 살림살이가 늘어나듯 마음의 물건들도 버리지 못하고 움켜쥐고 있으면 걷잡을 수 없이 늘어난다. 마음속 감정들이 얽히고설켜 이러지도 저러지도 못하게 되는 것이다. 마음의 관리가 필요한 이유는 이것의 무게와 부피가 실체로 존재하는 물건에 비할 수 없을 정도로 거대하기 때문이다. 제때, 제대로 돌보지 않으면 결국 사고의 판단과 행동에 좋지 않은 영향을 준다. 따라서 마음에도 정기적으로 적절한 감정의 분리수거가 필요하다.

마음을 분리수거하고 미니멀화 한다는 건 결국 가장 소중한 감정에 집중할 수 있도록 하루 동안 쌓인 좋지 않은 감정들을 훌훌 털어버리는 일이다. 마인드컨트롤이나 심리학 이론을 보면 전두엽이 감정 활동을 인위적으로 컨트롤할 수 있다고 한다. 일종의 정수기 필터 같은 역할을 해주면서 콸콸 쏟아지는 감정의 불순물을 걸러준다는 것이다. 감정이 몸의 반응으로까지 격하게 드러나기 전에 주의를 의도적으로 환기하고 다른 곳에 집중시켜 감정을 순화시킨다고 한다.

직장에서 상사에게 꾸지람을 들었거나 지하철에서 만취한 사람을 만나 느낀 불쾌한 감정 등 일상 속에서 일어나고 쌓이는 일시적인 감정들은 이런 방식으로 처리가 가능하고 대부분 정리가 된다. 그리고 집에 돌아가서는 감정의 쓰레기 밑에 깔려 있던 사랑, 행복, 기쁨 같은 소중한 감정을 다시 꺼내 사용할 수 있다.

하지만 넘쳐나는 감정들을 제대로 처리하지 못하면 무방비 지대인 가정에서 감정을 터트려 가족들에게 상처를 주거나, 또 다른 기형적인 방식으로 표출을 하게 된다. 마치 정보가 차고 넘치는 인터넷 가운데 정작 가장 중요한 정보는 결핍되어 있듯이 여러 감정이 차고 넘치면 오히려 소중한 감정이 결핍되는 아이러니를 낳는다.

마음의 물건이 넘치다 보면 현실 세계로 범람해서 실체가 있는 물건들을 무의미하게 사대는 소비로 연결되기도 한다. 하지만 거대한 마음의 결핍을 물건으로 채울 수 없기에 집 안에 물건이 계속 쌓이는 악순환이 반복된다. 마음의 결핍을 채우기 위해 구입한 물건들은 이미 기능적인 가치는 잃고 소유의 가치만 남는다.

이것이 미니멀리스트들이 물건을 정리하기 전에 먼저 마음을 정리해야 하는 이유이다. 나는 경험상 의도적인 연습을 통해 어느 한도 이상으로 감정이 넘쳐나지 않게 조절할 수 있다고 확신한다. 의미 있는 소중한 감정에 집중하기 위해 다른 감정들을 버릴 수 있는 용기, 이것이 미니멀 마음이다.

감정 컨트롤 근육 훈련

내가 만화에 본격적으로 빠져들기 시작한 것은 MBC, KBS1, KBS2, EBS, 단 4개의 채널만 존재하던 80년대 중반, 미군방송AFKN을 접하면서부터였다. 당시 〈마징가 Z〉를 AFKN에서 토요일 오전에 방영했는데, 박력 있는 마징가의 모습을 보고 '이야, 역시 미제는 다르다!'라고 생각하기도 했다. 〈마징가 Z〉가 일본 만화라는 걸 알 턱이 없던 코흘리개 시절이라 광자력 빔이나 브레스트 파이어를 쏴대는 거대 로봇이 미국의 기술로 만든 것인 줄 알았던 것이다.

시간이 흘러 초등학생이 되고 학교 앞 문방구에서 '다이내믹콩콩코믹스'의 《로봇대백과사전》을 구입했는데 이는 본격적으로 일본 만화와 연을 맺는 계기가 되었다. 단순히 마징가의 내부 도해를 보기 위해 구매한 것이지만, 보다 보니 〈용소야〉나 〈권법소년〉처럼 '다이내믹콩콩코믹스'가 발행한 다른 해적판 만화로까지 관심이 확장되었다.

그러던 중 초등학교 3학년 2학기에 내 인생의 만화인 〈북두신권〉('킹코믹스'에서 출판한 〈북두의 권〉 해적판)을 만나게 된다. (당시 표지에는 당당하게 '세계 10대 명작'이라는 말과 함께 '동경대학 선정 올해의 우수도서'라고 적혀 있었다.) 북두신권은 중국 고대로부터 내려오는 암살법으로 급소를 찔러 사람을 폭사시키는 무시무시한 권법이다. 권법의 특성상 급소가 찔린 후 바로 죽지 않고, 몸이 폭발하기 전까지 몇 초간의 지연 시간이 있다. 여기서 주인공 켄시로의 유명한 대사, '너는 이미 죽어 있다'가 탄생했다.

나는 감정 조절이 힘들 때 이 대사를 떠올린다. 마음을 관리한다는 것이 생각처럼 쉽지 않기 때문에 회사에서 조금이라도 짜증 나는 일이 있거나, 다양한 상황들 때문에 마음이 힘들면 가장 중요한 감정들에 소홀해질 수밖에 없다. '집에 돌아가면 아이들에게 책을 읽어주고, 청소를 하고 아내와 정감 있는 대화를 나눠야겠다'고 생각하지만, 집 문만 들어서면 이런 생각들이 감쪽같이 사라지고 마는 것이다. 어지럽혀져 있는 아이들 방이나 산더미처럼 쌓여 있는 설거지를 보면 이내 욱! 하고 짜증이 나고 아예 말이 없어지기도 한다.

이를 반복하다 보니 어느 순간 전두엽의 기능을 활용해 의도적으로 감정을 컨트롤할 수 있다는 생각이 스치듯이 생각나면서 켄시로의 명대사 '너는 이미 죽어 있다'를 이용해보기로 했다. 우선 '나는 죽어 있다. 죽어 있는 자는 자아가 없다. 따라서 죽어 있는 자는 짜증이나 화를 내지 않는다'라는 삼단논법에 따른 암시를 만들었다. 그리고 감정 조절을 위한 나만의 의식을 치렀다. 바로 퇴근 후 집에 들어가기 전 대문 앞에서 마음속으로 '나는 이미 죽어 있다'라고 열 번 외치고 문을 여는 것이다.

겉보기에는 별것 아닌 것 같지만 꽤나 효과적인 방법이라, 이렇게 열 번 외치며 앞으로 전개될 상황을 머릿속으로 시뮬레이션해보면 상당 부분 마음을 컨트롤하는 것이 가능했다. 나중에 알았지만 과학적인 근거도 있어서 이런 방식으로 훈련을 하면 전두엽에 근육이 붙으면서 감정 조절 기능이 활성화된다고 한다. (실제로 근육이 붙는다기보다는 뉴로피드백, 뇌파 훈련, 명상, 인지 훈련과 동일한 효과가 있는 것 같다.)

어찌 됐든 중요한 것은 '나는 이미 죽어 있다' 같은 마법의 문장을 하나쯤 생각해보라는 이야기다. 소중한 사람들을 소중히 대하기 위해 소중한 마음을 전달하는 것이 행복이기 때문이다. 소중한 감정에 집중하는 삶, 이것이 미니멀리스트의 마음이다.

최고의 인맥

경영 컨설턴트 짐 콜린스는 그의 저서《좋은 기업을 넘어 위대한 기업으로》에서 한 사람이 평생 만나는 사람의 수는 평균 1만 7500명이라고 했다. 비즈니스 영역으로 들어가면 '인맥은 곧 성공'이라는 방정식 아래 더 많은 관계를 만들고 관리하기 위한 수백 개의 방법과 공식도 존재한다.

일상적인 삶의 영역에서도 마찬가지다. '알아두고 있으면 언젠가 살면서 도움이 되겠지'라는 식의 인간관계를 하다 보면 수백 명의 불필요한 전화번호를 입력하게 된다. 하지만 임종을 앞둔 상황에서 결국 자신의 주변에 있을 사람은 불과 서너 명의 가족뿐이라는 생각을 해보면, 우리가 집중해야 할 관계가 무엇이냐는 물음에 쉽게 답을 찾을 수 있다.

관계 중심주의는 물질 만능주의의 또 다른 표현이라고 생각한다. 인간을 하나의 이익, 수단, 유용한 자산이라는 개념으로 보고 하나둘씩 늘려나가는 것이니까 말이다. 하지만 사람을 인격이 아닌 자산으로 생각하는 순간, 우리는 그저 탐욕스러운 장사치로 전락하고 만다.

인간으로 자산을 쌓으려는 것은 마치 그리스·로마 신화의 미다스가 손에 닿는 모든 것을 황금으로 만들려고 했던 욕심과 비슷하다. 움켜쥔 모든 것을 황금으로 만들려다가 결국 사랑하는 딸마저 황금으로 만들어버린 신화 속 주인공처럼 모든 만남을 자산으로 생각하다가는 가장 소중한 관계마저 망칠 수 있다.

그래서 나는 '내가 한 인맥 하지!', '저 사람이 마당발이라⋯'라며 관계를 과시하는 사람을 그다지 선호하지 않는다. 지갑 속에 명함 한 장, 휴대전화에 번호 하나 더 채우려는 노력이 결코 자기 내면을 채워줄 수 없다는 것을 알기 때문이다. 아무리 많은 사람을 만나도 스스로의 갈급함과 내적 허기를 채워줄 수 있는 사람은 아무도 없다.

우리에게 필요한 것은 결국 소중한 사람을 위해 불필요한 관계를 정리하는 것이다. 이는 가장 가까운 관계인 나와 자신 간의 관계를 먼저 확실히 해두어야 가능한 일이다. 내 안에 있는 내면의 자아와의 관계를 먼저 소중히 생각하고 이를 꾸준히 관리하기 시작할 때 내적 공허함 없는 튼실한 관계를 만들 수 있다. (비즈니스 용어로 표현하자면 '내실 있는 확장'이 가능한 것이다.) 이것이 불필요한 관계를 줄여도 심리적 안정감을 갖게 되는 관계의 미니멀 라이프 실천법이다.

그렇다면 어떻게 자신과의 관계를 돈독히 할 수 있을까? 내가 권하는 방법은 자신과의 대화를 꾸준히 해보는 것이다. '이게 무슨 말이야?'라고 생각할 수도 있겠다. 하지만 우리는 은연중에 수없이 내면의 자아에게 말을 걸고 있다. 문제는 이것이 대부분 부정적인 메시지라는 것이다. 부정적인 상황에서 부정적으로 반응함으로써 내면의 자신에게 상처를 주는 경우가 그 반대의 경우보다 많다.

예를 들어, 뜻하지 않는 상황에 직면하게 되면 자신도 모르게 '이런 십장생!', '이런 시벨리우스!', '내가 하는 일이 그렇지!' 같은 표현들이 튀어나오며 가장 소중히 다뤄야 할 자신에게 무의식적인 상처를 준다. 그러면서 스스로와의 관계가 멀어진다. 마치 애인에게 하듯 자신에게도 아름다운 말로 사랑을 주고 다독여주는 것이 필요하다. 만화 〈슬램덩크〉의 주인공 강백호를 예로 들어보자. 작중 강백호는 '난 역시 천재!'라며 끊임없이 자신에게 긍정적인 메시지의 대화를 시도하는데, 이것은 실제로 건강한 자아와 뛰어난 잠재 능력으로 표출된다.

최근 미시간주립대 제이슨 모저 박사는 실험을 통해 자신을 3인칭으로 불러보면 정신건강에 도움이 된다는 것을 밝혀냈다. 나는 꽤 일리 있는 이야기라고 생각한다. 예를 들면 자신에게 '야! 밥 먹었어?' 하던 것을 이름을 불러주며 '철수야, 밥 먹었어?'로 바꿔보는 것이다. 주어를 3인칭 단수명사로 바꾸니 훨씬 친근한 느낌이 든다. 자신과의 관계도 당연히 더 좋아지리라는 생각도 든다.

중요한 것은 먼저 자신과의 관계를 잘 맺고 좋은 관계를 유지해나갈 때, 다른 사람들과의 관계도 건강하게 가져갈 수 있다는 것이다. 그리고 이를 통해 불필요한 관계를 양적으로 줄이고 보다 소중한 관계에 집중할 수 있다는 것이다.

우주적인 정답, 사랑하니까

이른 아침 회사 근처 카페에서 글을 쓰고 있는데 우연히 회사 직원을 만났다. 곱슬머리에 엘비스의 구레나룻을 하고 있으며 덩치도 제법 있어 멀리서도 누군지 바로 알아볼 수 있는 실루엣을 지닌 인물이다. 평소에도 친분이 많은 직원이라 노트북을 덮어두고 같이 커피를 마시며 이런저런 이야기를 했다.

서른일곱 살인 그는 아직 미혼인데 15년간 사귄 여자친구가 있다. 언제 결혼하냐고 묻자 내년에는 꼭 하겠다고 한다. 사실 결혼 이야기는 이전부터 계속 해왔지만 여자친구 쪽에서 차일피일 미루다가 여기까지 왔다는데, 아마 여자친구는 결혼 없는 관계를 아직 더 지속하고 싶은 모양이었다.

15년이면 내 결혼 생활의 2배에 가까운 시간을 함께해온 것이므로 참 대단하다는 생각이 들었다. 그는 아직까지 주말이면 여자친구와 함께 여행을 떠나거나 영화를 보면서 데이트를 한다고 했다. 아내가 여자친구였던 시절 나는 매주 새로운 데이트 아이디어나 같이 시간을 보낼 장소를 찾느라 애를 많이 먹었는데 그 친구의 입장은 어떤지 궁금해서 물어봤다. '저도 아직까지 어디 갈까, 뭐 하고 놀까, 매일 생각해요. 근데 이미 웬만한 데는 다 가봐서…' 그가 대답했다.

나는 아직도 그런 열정을 가지고 오랫동안 관계를 지속할 수 있는 비결이 궁금해서 호기심을 참지 못하고 물었다. '근데, 어떻게 그렇게 긴 시간을 여자친구와 함께할 수 있었어요? 성격이 잘 맞나 봐요?' 잠시 머뭇거리며 한 그의 대답은 내게 세상의 놀라운 진리를 발견한 듯한 신선한 충격을 주었다. '사랑하니까요. 저희도 성격은 안 맞아서 자주 싸워요.'

아마 나는 '상대방과 대화할 때는 항상 웃으며 반응하고, 감정을 솔직히 표현하라'라든지 '여성들이 원하는 것을 잘 감지해 적절한 때 적절한 방식으로 제공하라'처럼 관계를 지속시키기 위한 특별한 처세술이나 대단한 기술이 있지 않을까 기대한 것 같다. '사랑하니까 만난다'라는 아주 단순한 논리를 전혀 생각하지 못한 것이다.

7장 마음의 미니멀리즘

우리가 삶을 살아내고 유지할 수 있는 것은 이런 단순한 원리들 때문이지 않을까. 우정이나 신뢰, 사랑 같은 가장 근본적인 가치들 말이다. 내가 지금 아내와 함께 살고 있는 이유를 말하라면 수백 가지 이유를 댈 수 있겠지만 역시 '사랑하니까'라는 짧은 한마디만큼 좋은 설명은 없을 것 같다. 삶을 움직이는 것은 복잡한 것이 아니다. 아주 단순하지만 가장 중요한 하나의 가치이다. 그리고 이것이 왜 우리가 미니멀 라이프를 추구해야 하는지에 대한 이유일 것이다.

복잡함은 단순함으로 풀린다

영화에서는 외계인이나 좀비 무리의 공격처럼 인류의 생사가 걸린 어렵고도 복잡한 문제의 해결책이 의외로 단순한 곳에서 나온다는 설정이 많다. 팀 버튼 감독의 〈화성침공〉을 보면 지구를 정복하려는 화성인들에 의해 사람들이 몰살당하고 지구의 모든 것이 파괴되는 동안 정부는 아무런 해결책을 내놓지 못하는데, 결국 화성인들을 무찌른 건 치매 걸린 할머니가 즐겨 듣던 컨트리 음악이었다.

롤랜드 에머리히 감독의 〈인디펜던스 데이〉에서도 외계인들의 공격에 속수무책으로 당하고만 있던 지구인들의 문제를 해결해준 것은 다름 아닌 컴퓨터 바이러스였다. 스티븐 스필버그의 〈우주전쟁〉도 마찬가지다. 외계 군단이 첨단 과학

기술로 모든 것을 파괴하고 희망이 사라져가던 순간, 외계인들이 갑자기 픽픽 쓰러지더니 모두 죽어버리고 지구는 평화를 되찾는다. 외계인들에게 지구의 미생물에 대한 면역이 없었던 것이다.

삶의 문제도 마찬가지인 것 같다. 어렵고 도무지 감당하기 힘든 일들은 신기하게도 동시다발적으로 일어난다. 나 같은 경우 20대 후반에 미국에서 생활비가 떨어지고, 한국에 있는 여자친구와 헤어지고, 학교 프로젝트는 교수의 혹평을 받았으며, 졸업과 동시에 1929년의 경제 대공황과 맞먹는 세계 금융위기가 시작되어 백수가 됐다. 이 모든 것이 톱니바퀴가 맞물려 돌듯 동시에 일어났다.

하지만 이럴 때 단순한 한 가지에 집중하기 시작하면 해결 불가능해 보이던 엉킨 실타래가 풀리고 언제 그랬냐는 듯이 다시 평범한 일상으로 돌아갈 수 있다. (내가 20대 후반에 삶의 무게를 견디기 위해 할 수 있었던 단 한 가지는 달리기였다. 복잡함은 참 단순한 것을 통해 풀리는 법이다.) 문제는 그 단순하지만 중요한 것이 쉽게 드러나지 않는다는 점이다. 볼링에서 스트라이크를 치려면 킹핀을 노려야 하는데 이 킹핀이 가장 첫 줄에 잘 보이는 1번 핀이 아니라, 가운데 숨겨진 5번 핀인 것처럼 말이다. 따라서 가장 중요하지만 단순한 한 가지가 무엇인지 고민하는 습관과 연습이 필요하다.

나는 이를 위해 이른 새벽에 일어나 방해받지 않는 장소(주로 조용한 재즈를 틀어주는 카페)에서 여러 가지 문제를 종이에 써본다. 그리고 공통으로 엉켜 있는 요소가 있는지 살펴본다. 그리고 지금 당장 내가 할 수 있는 것의 목록을 적어보고 바로 시행한다. 첫 번째 목록의 과업을 달성했다면 다음 목록의 일을 시작한다. 그 일을 묵묵히 하고 있는 동안 다른 긍정적인 연쇄작용이 일어나 어느 순간 그 상황은 아무것도 아닌 게 된다.

아르키메데스는 '충분한 지렛대만 있다면 지구도 들어 올릴 수 있다'라고 했는데 새벽에 일어나 문제에 대해 충분히 고민해보고 내면의 목소리를 듣고 삶의 우선순위를 생각해보는 시간이 바로 삶의 지렛대를 점검하는 시간이다. 이 작업이 제대로 되어 있다면 아무리 무거운 문제라도 쉽게 들어 올릴 수 있게 된다.

개인적인 생각이지만 정말로 중요한 삶의 문제가 발생하거나 결정의 순간이 다가오면 주변의 지인이나 가족에게 물어보거나 상담을 하는 것보다 자기 스스로에게 질문을 던지고 답을 구하는 것이 현명한 것 같다. 존 스튜어트 밀은 '누구나 웬만한 정도의 상식과 경험이 있다면 자신의 삶을 자기 방식대로 살아가는 것이 바람직하다'고 했다. 결국 자신의 삶을 책임지고 이끌어갈 사람은 자신밖에 없고 무엇보다 '지금 내가 할 수 있는 한 가지는 무엇인가?'에 대한 답을 다른 누군가가 줄 수 없기 때문이다.

문제를 하나둘씩 써 내려가다 보면 결국 자신 안에 문제의 답이 있다는 것을 알게 된다. 막연한 걱정의 무게는 써 내려가는 순간 사라지고, 보이지 않던 문제가 가시적으로 드러난다. 그리고 이내 올바른 방향성을 잡을 수 있게 된다.

8장

/

미니멀리즘의
영웅들

영웅의 본색, 주윤발

초등학교 시절 동네 놀이터에 가면 성냥개비를 물고 아카데미과학사에서 나온 베레타 쌍권총으로 멀쩡히 지나가는 아이들에게 비비탄을 발사하는 녀석들이 더러 있었다. (나도 그중 한 명이었다.) 당시 유행하던 홍콩 누아르의 영향 때문이었다. 90년대 초까지만 하더라도 동네 비디오 가게에 가면 주야장천 홍콩 누아르 영화를 틀어줬는데, 이 때문에 나는 항상 그 앞을 서성이며 (청소년 관람 불가인) 〈첩혈쌍웅〉, 〈첩혈가두〉, 〈첩혈속집〉으로 연결되는 첩혈 시리즈와 영웅본색 시리즈를 수도 없이 볼 수 있었다.

이는 자라나는 아이들에게 정서적으로 큰 영향을 끼쳤고, '제대로 된 어른이라면 주윤발이나 유덕화 정도쯤은 되어야 한다'는 생각을 갖게 했다. 물론 어른이 된 이후에 오토바이를 몰거나 쌍권총을 차고 다닐 일은 없었지만, 종종 청바지에 청재킷을 걸치는 청청 패션에 하이탑을 신으며 유덕화를 오마주하기도 했다.

시간이 흘러 홍콩 영화의 인기가 시들해지자 자연스럽게 내 영화적 취향도 할리우드 블록버스터로 넘어가고 말았다. (줄곧 자본주의 논리가 들어간 주류 상업영화를 비판하면서도 시원스럽게 때려 부수고 날려버리는 할리우드식 영화가 내 성격과 잘 맞긴 했다.) 하지만 주윤발과 유덕화의 팬으로서 간간히 이들의 신작 영화를 찾아보고 뉴스 기사도 예의주시했는데, 최근에 '주윤발의 8100억 기부'라는 놀라운 기사를 접하게 됐다. 주윤발이 자신의 전 재산을 사회에 기부하기로 약속한 것이다. 언론에선 '영웅이 본색을 드러냈다'며 그를 일제히 칭송하기 시작했다. 나 또한 주윤발의 대단한 결심에 놀랐는데, 이는 그의 삶에서 진정한 미니멀리스트의 가치를 보았기 때문이다.

주윤발은 평소에도 17년 된 노키아 휴대전화를 쓴다든지, 대중교통을 이용한다든지, 용돈이 한 달에 11만 원이라든지 하는 식으로 검소한 모습을 보여왔다. 하지만 내가 그를 진정한 미니멀리스트라고 생각하는 것은 단순히 물건을 오래 사용하고 검소한 자세를 보여서만은 아니다. 소중한 것에 집중하는 삶에 대한 그의 태도와 가치관 때문이다.

그는 한 인터뷰에서 '행복의 조건이 무엇이라 생각하는가?'라는 질문에 이렇게 대답했다. '소박한 삶입니다. 매일 세 끼 밥 먹고, 잘 수 있는 침대 하나 있으면 됩니다.' 그는 삶에서 추구해야 할 것은 물질이 아니라 소박하고 단순하지만 가까이에 있는 작은 행복임을 밝혔다. 실제로 그는 하이킹이나 조깅을 하고 동네 식당에서 자신이 좋아하는 죽을 먹으며 일상을 보낸다고 한다.

'사람은 가진 것 없이 태어나 가진 것 없이 돌아간다. 많은 돈을 벌었지만, 내 것으로 생각하지 않는다. 떠나기 전에 그 돈을 누구에게 줄 것인가를 생각해야 한다.'

그는 이렇게 기부 이유를 밝히고 다시 평범한 일상으로 돌아갔다. 사실 영화 〈영웅본색〉에서 주윤발의 역할은 주연이 아니라 멋있는 조연에 지나지 않았다. 하지만 삶에서 중요한 것은 단순하고도 가까이에 있다는 메시지를 전하고 자신의 모든 것을 내려놓은 그는 이 시대의 진정한 주연이자 진정한 미니멀리스트가 아닌가 생각해본다.

한 줄의 기타리스트, 브러쉬 원 스트링

1992년, 건즈 앤 로지즈의 도쿄 돔 라이브를 비디오테이프로 처음 보았을 때, 기타리스트 슬래쉬의 더블 헤드 기타를 보고 감격한 적이 있다. 한쪽 헤드는 12현이고, 다른 하나는 일반적인 6현으로 구성된 깁슨 SG 기타였는데, 이것을 허리춤까지 늘여 매고 번갈아가며 쳐대는 모습을 보고 '기타 장인이란 이런 것이다'라고 생각했다. 이때부터 머리가 2개 달린 기타 정도는 쳐야 '제대로 된 뮤지션'이라는 인식이 생겼는데, 어느 순간 보니 마이클 안젤로 바티오는 4헤드의 기타를 양손으로 치고 있었고, 빌 베일리는 머리가 6개 달린 기타를 가지고 무대에 올랐다.

시간이 한참 흘러 자메이카에서 놀라운 뮤지션이 혜성

처럼 등장했다. (정확히는 발견되었다는 말이 맞다. 그의 노래를 들은 레코드사가 먼저 계약을 요청했으니 말이다.) 이 뮤지션을 처음 알게 된 것은 유튜브 영상을 통해서였는데, 휴대폰 카메라로 적당히 찍은 듯한 저화질 영상 속에서 평범한 동네 흑인 청년이 구경꾼들 사이에서 고장 난 기타로 연주하며 노래하고 있었다. 딸랑 줄 1개만 간당간당하게 붙어 있는 허름한 어쿠스틱 기타를 치면서 노래를 부르고 있었지만 리듬감과 그루브가 범상치 않음을 깨닫기까지는 시간이 얼마 걸리지 않았다. 이 흑인 사내의 이름은 브러쉬 원 스트링이었다. 자세히 보니 화면 귀퉁이에 무려 'Official Video'라 쓰여 있었다. 심지어 그는 6개의 스튜디오 앨범을 보유하고 있는 프로 뮤지션이었다.

'아니, 어떻게 이런 발상을 할 수 있을까?' 생각했는데 그는 한 인터뷰에서 '침대 밑을 보니 줄 1개 달린 기타가 있었다'라고 담담하게 대답했다. 그는 심지어 작곡을 위해 아무런 노력을 하지 않는다고 한다. 그저 일상의 삶에서 느낌들을 잘 모아 쓱 하고 곡으로 만들어버리는 것이다. 수많은 뮤지션들이 음악적 영감을 얻기 위해 발버둥 치고 약물에까지 손을 대는 것과는 사뭇 다른 모습이다. (그는 레코드사와 계약하기 전까지 글을 읽지도 쓰지도 못했다.)

한때는 17인조 빅밴드가 유행했던 적도 있었고, 무대에서

10~20명으로 구성된 아이돌팀을 보는 것도 어렵지 않다. 신시사이저의 스트링 사운드를 듣는 것과 제대로 갖춰진 오케스트라 실황을 듣는 것은 상당한 차이가 있고, 눈앞에 펼쳐지는 웅장한 무대를 바라보는 것도 나쁘지 않다.

하지만 음악이 주는 감동이 무엇이냐를 생각한다면, 역시 음악 자체가 가지고 있는 본질적인 것을 짚어보지 않을 수 없다. 나는 그것이 '영혼을 울리는 한 줄의 기타 소리'라고 생각한다. 실력을 과시하듯 어려운 화성과 세션이 들어간 연주를 시작부터 끝까지 퍼붓는 음악이 아니라, 수많은 쉼표 속에 단 하나의 음을 통해 여운을 주는 것. 이것이 바로 제대로 된 음악이자 미니멀리스트가 추구해야 할 정신이라고 보는 것이다. 단 하나의 음표와 음정도 헛되게 사용하지 않고 의미 있게 가져가고자 한 브러쉬의 음악이 더 큰 가치와 매력으로 느껴지는 이유이기도 하다. (미니멀 뮤직비디오의 정수를 보고 싶다면 유튜브에서 Brushy one string의 〈Chicken in The Corn〉을 찾아보기 바란다.)

60초 소설가, 댄 헐리

르네상스 시대에 르네상스 문학이, 바로크 시대에 바로크 문학이 성행했던 것처럼 미니멀리즘 시대의 개막에 맞춰 미니멀리즘 문학도 등장했다. 생소하게 들리겠지만 실제로 이런 문예 사조가 존재한다. 본격적으로 미니멀리즘이 시대의 조류로 등장한 것은 1960년대였다. 캔버스에 선 하나 그어 놓고 전시를 한다든지, 그저 네모반듯한 모양의 건물을 짓는다든지, 최소한의 비트나 패턴만을 반복시키는 음악이 등장하면서 미술, 건축, 음악 전반에 단순함이라는 가치가 깃들었다. 물론 문학도 예외는 아니었다.

미니멀리스트 문학 작가의 경우 최소한의 어휘, 문장, 플롯을 사용한다. 부사구와 수식어, 추상어, 복문 사용을 자제

하고 일상적인 단문을 통해 간결하면서도 깊은 메시지를 전달하려 한다. 대표적인 미니멀리스트 작가 도널드 바셀미는 그의 소설 《죽은 아버지》에서 단 다섯 명의 인물만 등장시키고 극도로 단순한 문장의 연결을 통해 260페이지 분량의 장편소설을 완성했다. 처음 그의 소설을 읽었을 때, 사지가 잘린 것처럼 문장이 뚝뚝 끊기고 심지어 대화에는 따옴표 부호도 없어서 번역 오류나 교정이 안 된 채 출판된 책인 줄 알았다. 예를 들어 이런 문장들이다.

'대단한 그림이야. 나는 생각했다. 얼마나 완벽한 바보들인지. 의도한 대로, 라고 죽은 아버지가 말했다.'

또 다른 미니멀리스트 작가로 알려진 레이먼드 카버는 인터뷰에서 '실제 사람들이 사용하는 언어로만 글을 쓰겠다'라고 말한 바 있는데, 실제로 그는 작품에서 누구나 술술 페이지를 넘길 수 있는 간략한 문체를 보여줬다. 또한 장편소설은 현실과 동떨어진다고 비판하며 미니멀리스트답게 단편소설만 집필했다.

댄 헐리의 《60초 소설가》는 거리에서 16년간 쓴 2만 2613편의 소설 일부를 발췌해 만든 소설 모음집인데, 나는 이 책을 보고는 무릎을 '탁' 치며 감탄할 수밖에 없었다. 진정한 미니멀리스트의 정신이 살아 있었기 때문이다. 문체나 형식은 앞서 말한 정통 미니멀리스트 문학의 조건과 꽤 거리가 있다. 하지만 그가 문학을 다루는 자세, 소재를 얻는 영감과 메시지를 보면 '이 사람 말고 누구를 미니멀리스트 작가라 할 수 있겠는가'라는 생각이 들 정도였다. 그만큼 이상적인 미니멀리즘이 작품 전체를 관통하고 있었다.

댄 헐리는 스물다섯 살의 어느 날, 문득 길거리에 나가 행위 예술처럼 사람들의 요구에 따라 글을 써보면 어떨까 생각했다. 그는 바로 타자기 한 대만 가지고 거리에 나가 '60초 소설, 즉석에서 써드립니다'라는 간판을 내걸고 글을 쓰기 시작했다. 행인들에게 간단한 질문이나 인터뷰를 한 뒤 소재를 얻고, 자신의 느낌이나 생각을 즉석에서 짧은 소설로 표현했다. 그러고는 마지막에 자신의 사인을 곁들여 그들에게 소설을 건넸다. 폴라로이드 사진 같은 일회용 즉석 글이었지만 원고 뒤에 카본지를 덧대어 사본을 남겼는데, 쌓아 올린 사본의 높이가 1미터가 넘었다고 한다.

그는 단돈 2달러에 단 한 명을 위한 단 한 편의 소설을 써줬고, 반응은 놀라울 정도로 뜨거웠다. 소설을 요청하는 사람 중에는 간단한 단어만 제시하는 사람도 있었고, 자신의 모든 삶을 하소연하듯 쏟아내는 사람도 있었다. 직업도 록스타에서 거리의 부랑자까지 다양했다. 물론 소설을 받은 모든 사람이 만족해하지는 않았다. 어떤 사람은 글을 다시 써달라고 항의했고 환불을 요구하기도 했다. 하지만 그는 모든 사람이 듣기 좋아할 그럴듯한 내용이 아니라, 각자의 영혼에 귀를 기울이고 여기서 비치는 영감을 통해 마음이 반응하는 대로 글을 썼다. 그의 소설을 즉석에서 돌려받은 사람들이 그 자리에서 눈물을 흘리고 삶이 변화되었다며 감사의 편지를 보낸 이유일 것이다.

댄 헐리는 인기에 힘입어 텔레비전 방송에 출연했으며 다양한 기업체와 시간제 계약을 맺어 더 많은 고객을 위해 소설을 쓰게 됐다. 내가 그를 미니멀리스트 소설가로 칭송하는 것은 그가 글쓰기를 통해 상업적 성공을 이뤄서도 아니고 단순히 소설의 분량이 적기 때문도 아니다. 무심하게 흐를 수 있는, 또는 그렇게 흘러가는 1분이라는 짧은 시간을 통해 자신의 삶을 되돌아볼 통찰을 제공했기 때문이다.

그의 작품은 특별한 사람들을 위해 대필된 300페이지짜리 자서전이 아니라 모든 평범한 사람을 위해 작성된 간결하면서도 강력한 한 장의 소설이었다. 몸이 아픈 사람들에게는 희망을 이야기했고, 아이와 함께 온 사람에게는 가족의 행복과 소중함을 이야기했다.

중요한 것은 글의 형식이나 길이가 아니다. 소설을 통해 전달하고자 하는 메시지와 독자의 마음을 동하게 하는 진정성이다. 형식을 뛰어넘어 메시지의 본질에 집중할 줄 알았던 거리의 소설가 댄 헐리는 사람의 일생을 단 한 장으로 표현해 영혼을 공명시킨 진정한 미니멀리스트 소설가가 아닌가 생각한다.

악보를 모르는 싱어송라이터, 마이클 잭슨

마이클 잭슨이 역사상 가장 성공한 뮤지션이라는 것은 아무도 부인하지 못할 것이다. 그는 브레이크댄스로 명성을 떨치기 전부터 재능 있는 싱어송라이터였다. 〈Beat it〉, 〈Billie Jean〉, 〈Black or white〉 등 우리가 알고 있는 대부분의 히트곡은 그가 직접 작곡한 곡이다. 마이클 잭슨은 살아생전 6개의 정규 앨범을 발매했는데 75곡의 수록곡 중 다른 작곡가에게 받은 20곡을 제외하면 모두 그가 작곡하거나 공동 작곡한 곡이었다. 정규 앨범 이외에도 작곡하거나 작곡에 참여한 곡이 180개가 넘는다고 한다. 마이클 잭슨은 작곡 능력을 인정받아 로큰롤 명예의 전당에 헌액되기도 했다.

가장 놀라운 것은 마이클 잭슨이 악보를 전혀 볼 수 없었다는 것이다. 그는 악보를 읽지도 쓰지 못했다. 물론 지금이야 기술의 발달로 악보나 악기를 다룰 줄 몰라도 컴퓨터로 음악을 만드는 시대가 되었지만, 그의 전성기라 할 수 있는 80~90년대까지만 해도 악보를 모르는 작곡가란 상상할 수 없었다.

그럼 마이클 잭슨은 어떤 방식으로 작곡을 할 수 있었을까? 그는 한 인터뷰에서 자신의 작곡 방법을 공개했다. '저는 머릿속에 떠오르는 멜로디를 입으로 흥얼거려 테이프 녹음기에 녹음합니다.' 머릿속의 멜로디나 드럼 박자, 베이스 라인들을 오직 입으로 소리 내 녹음기에 담아낸 것이다. 녹음한 음성을 들려주면 세션들이 그것을 듣고 레코딩을 했고 이는 히트곡으로 연결됐다. 악보와 악기에 의존하는 기존의 작곡가들은 전혀 상상할 수 없는 새로운 방식이었다.

마이클 잭슨의 작곡은 아주 미니멀한 방식이라는 생각을 한다. 오선에 그려 작곡하고, 여러 악기를 사용해 편곡하고, 프로듀싱을 거치는 복잡한 과정을 생략한 채 순수히 음악이라는 본질만 생각했기 때문이다. 음악에 있어 중요한 것은 악보나 화성이라는 형식이 아니라 아름다운 멜로디와 그것과 어울리는 음들의 조화를 찾는 과정이다. 악보를 모른다고 음악을 모르는 것이 아니고 화성학을 모른다고 화성을 모르는 것이 아니다.

중요한 것은 음악이라는 본질에, 사람들에게 주는 영감과 메시지에 집중하는 것이다. 따라서 순수히 좋은 악상에만 집중하고 이를 가장 단순한 방식으로 표현하려 했던 마이클 잭슨은 진정한 미니멀리스트 뮤지션이 아닌가라는 생각이 든다.

그는 동시대 뮤지션들에 대해 이렇게 비판한 적이 있다. '많은 아티스트들이 한두 곡의 히트곡 말고는 시시껄렁한 곡으로 앨범의 나머지를 채워 넣는다. 나는 평생을 음악을 했어도 고작 6개의 앨범을 냈을 뿐이다.' 그는 무의미한 것으로 가짓수만 가득 채우고 그럴듯해 보이려는 음악을 지양했다. 자신의 철학에 따라 단 한 가지 앨범을 만들더라도, 아무리 시간이 오래 걸리더라도, 항상 최고의 것을 만들기 위해 노력했다. 아마 이것이 30년이 지난 그의 음악이 아직도 현시대 뮤지션들에게 많은 영감을 주는 이유가 아닐까.

그림 참 쉽죠, 밥 로스

헤르만 브로흐는 '한 세대에 두 명의 카프카는 있을 수 없다'는 말을 했는데 사후 후대에 의해 재발견되고 재평가된 대표적인 작가를 꼽으라면 프란츠 카프카가 아닐까 생각한다. 개인적으로 카프카 문학에 애착을 가지고 있다. 경제적 사정으로 직장 생활과 창작 활동을 겸하며 쉽지 않은 삶을 보냈기 때문이다. (그는 성실한 직장인으로 보험공단에 재직할 당시 몇 번의 승진도 했다고 한다.) 카프카의 문학 세계는 난해하기 그지없어서 서사 위주로 읽다 보면 도통 작가의 의도를 파악하기 쉽지 않다. 아마 이것을 해석하기 위해 후대 평론가들과 학자들이 달려들기 시작하면서 유명세를 치르게 되지 않았나 싶기도 하다.

문학에 프란츠 카프카가 있다면 미술계에서 재평가된 대표적인 화가로 밥 로스가 있다. 사실 이건 거짓말이다. 밥 로스는 저평가된 우량주 같은, 학계의 숨겨진 보물과 같은 존재이므로 후대에 꼭 재평가되어야 하는 화가이다. 밥 로스가 누군가 하면 전통 인상주의 사조를 20세기에 재해석해내고 '참 쉽죠?'라는 희대의 명언을 남긴 화가다. 그렇다. EBS 〈그림을 그립시다〉 프로그램에 나왔던 뽀글 머리의 인상 좋은 그 아저씨가 맞다.

나도 미술 시간에 이 아저씨 덕을 좀 봤다. 그 유명한 밥 로스의 덧칠 기법을 통해 중학교 미술 실기평가에서 92점을 받았다. 하지만 그의 기법을 따라한다는 것은 쉬운 일이 아니었다. 트레이드 마크인 'wet on wet 기법'은 마르지 않은 상태에서 다시 덧칠을 하는 기법인데, 중학생에게 주어진 보급형 물감(스머프가 그려진 24종 물감 세트)으로 밥 로스의 유화 기법을 따라할 경우 자칫하면 스케치북을 흥건히 적시고 종이가 뚫어지는 불상사가 발생한다. (따라서 학생들에게는 'wet on dry 기법'을 적극 권장한다.)

밥 로스는 철저히 예술의 본질에 대한 고민을 통해 대중 회화의 장을 연 인물이다. 그는 대중들이 이해하기 어려운 난해하고 복잡한 기교와 해석이 들어가야 하는, 기름기 잔뜩 낀 예술적 허세를 걷어내고 예술이 지향해야 하는 '즐거움'

8장 미니멀리즘의 영웅들

이라는 가치에 집중했다. (그래서 그는 〈그림 그리기의 즐거움The Joy of Painting〉라는 프로그램에서 10년간 그림을 그렸다.) 그는 이 가치에 따라 누구나 쉽게 유화를 접하며 즐길 수 있게 '참 쉽죠?'라는 친절한 설명과 함께 복잡하고 오랜 시간이 걸리는 유화 프로세스를 단순화했다. 30분 만에 작품 하나를 뚝딱 그릴 수 있는 덧칠 기법을 선보인 것이다. 그의 예술적 철학과 기법은 불필요한 것은 버리고 본질에 집중한다는 미니멀리즘의 사상과 일맥상통한다.

밥 로스에 대한 전문가들의 평가는 그리 관대한 편이 아니다. 화장실 예술(화장실에 걸려 있을 법한 그림)로 폄하하거나 '밥 로스의 프로그램을 보는 대부분의 사람들은 미술에 관심이 없는 문외한들'이라는 비판도 받았다. 심지어 '그의 그림 90퍼센트에는 나무가 등장하며, 40퍼센트는 구름이 있고, 30퍼센트는 강이 흐르고 있다'며 그림을 통계적으로 분석해 신랄하게 비난하는 평론가도 있었다.

하지만 밥 로스를 기억하는 사람들이 모두 세상을 떠나고 그의 작품이 충분한 시간의 세례를 받고 나면 그의 예술은 카프카의 문학처럼 새롭게 발견되어 재평가를 받게 될지도 모르겠다. 혹시 누가 아는가? 22세기쯤 한 권위 있는 평론가가 '밥 로스의 작품은 미니멀리즘 사상에 입각해 예술의 즐거움을 대중에게 선사한 진정한 선구자였다'라고 평가할지.

그린게임랜드의 전설, 윤경식

최근 '그린게임랜드'가 경영상의 이유로 문을 닫았다. 대림동의 이 작은 오락실 하나가 문을 닫자 전 세계 게임 커뮤니티는 그린아케이드Green Acade(그린게임랜드의 영어식 표현)에 대해 애도를 표했고 각 미디어들은 일제히 '한국의 게임장이 끝났다'라며 이제 전설이 되어버린 이 오락실의 폐업에 대해 보도했다. 오락실 하나가 문 닫는 게 무슨 대수냐고 할 수도 있겠다. 하지만 철거 당일에는 전국 각지에서 사람들이 몰려와 눈물을 흘리며 역사의 마지막 순간을 함께 목도했다. 이곳이 수많은 사람들의 가슴을 아프게 하고 시대를 대변하는 위대한 오락실로 남을 수 있었던 이유는 바로 그린게임랜드가 보여준 미니멀리스트의 정신 때문이라고 생각한다.

그린게임랜드는 1997년에 개장해 21년이란 시간을 오직 '철권(대전격투게임)'이라는 단 한 가지 게임에만 집중해 '철권의 성지'라는 타이틀을 얻은 오락실이다. 수많은 게임 중에 단 한 게임에만 모든 것을 투자하고 고객층도 단일화해버렸다. 오락실의 구조도 2인 플레이가 가능한 철권 10개 이상의 세트가 일렬로 나열된 단순한 레이아웃으로 구성했고, 모든 환경을 오직 철권에 집중하도록 만들었다.

철권이 한창 유행하던 2000년대 초반에는 30초 시간제한에 기술 한 대만 맞아도 에너지의 3분의 1일이 없어지는 것이 당시 오락실 설정값의 스탠더드였다. 그런데 그린게임랜드는 최고의 게임 환경 구현을 위해 시간제한을 60초로 늘리고 맞아도 체력이 크게 줄지 않게 세팅값을 변경했다. 가격은 200원에서 100원으로 100퍼센트 인하하면서 5판 3승제로 플레이 시간을 늘렸다.

그린게임랜드는 여기서 멈추지 않았다. 최고의 게임 환경을 위해 게임기 레버를 손수 제작했다. 탄성 및 조작도 등 레버의 최적값을 찾기 위해 철권 유저들과 인터뷰했고 수백 번의 실패를 거듭한 결과 일명 '그린 레버'(그린 레버는 녹색이 아니고 흰색이다.)라고 불리는 전설의 레버를 탄생시켰다. 일각에서는 윤경식 사장을 윤오영의 수필 〈방망이 깎던 노인〉에 빗대어 '레버 깎는 노인'이라 부르기도 했다.

'나에게는 몇백 명의 아들이 있다.' 그린게임랜드 윤경식 사장의 말이다. 그는 배를 주리며 게임을 하는 철권 유저들을 위해 오락실에서 라면과 커피를 서비스했으며 철권 세계 대회를 준비하는 학생들에게 해외 원정비를 지원했다. '국제적인 실력을 갖췄다는 자부심이 있다면 세상을 살아가면서도 큰 도움이 될 것이다. 적지만 그런 동기를 마련해주고 싶었다'는 순수한 마음으로 했던 일이었다.

오락실을 찾는 학생들은 윤경식 사장에게 인생과 진로 상담까지 하는 돈독한 사이였고 사회인이 된 학생들은 청첩장을 전달하러 왔다. 아케이드 산업이 사양길을 걷고 국제 대회가 없어지자 그는 자비로 철권 대회를 열어 마지막 순간까지 철권 커뮤니티 활성화를 위해 노력했다.

그는 폐업을 결정하면서 그동안 이곳 오락실 출신의 철권 프로게이머들이 헌정한 각종 국제 대회 트로피를 모두 처분했다. 과거에 연연하지 말고 미래로 나아갔으면 한다는 것이 이유였다. 수많은 판매 요청을 받았던 그린 레버도 남기지 않고 모두 처분했다.

자신의 청춘을 오직 철권이라는 단 한 가지에만 집중했고, 은퇴해서는 아무것도 남기지 않은 그린게임랜드의 윤경식 사장의 외길 인생은 중요한 것을 위해 삶을 단순화시킨 진정한 미니멀 라이프가 아닌가 생각한다. 이제 더 이상 그린 레버를 손에 잡을 수 없지만, 가슴 구석에는 그린게임 랜드가 보여준 미니멀리스트의 정신이 살아 있을 것이다.

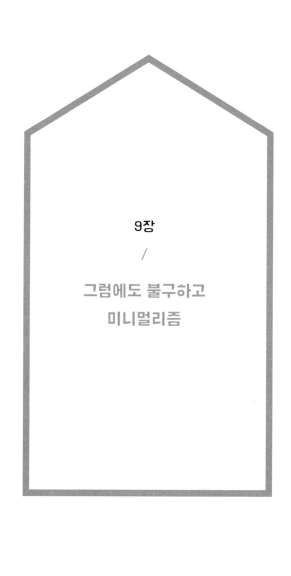

9장

/

그럼에도 불구하고
미니멀리즘

치트키 쓰는 인생은 허무하다

초등학교 3학년, 2박 3일의 단식투쟁을 통해 286컴퓨터를 손에 넣었다. 컴퓨터를 안 사주면 밥을 안 먹겠다고 으름장을 놓았는데, 3일 만에 나의 승리로 끝난 것이다. 단식까지 불사한 이유는 단순히 컴퓨터 게임이 너무 하고 싶었기 때문이다. 당시 무려 40메가의 하드디스크, 236킬로바이트의 어마어마한 메모리를 장착한 컴퓨터를 사는 순간, 용산 컴퓨터 가게 사장님은 '대학생이 될 때까지 쓰겠다'라며 탁월한 선택임을 계속 강조했다. (당시 이걸 200만 원 주고 구입했는데, 지금도 최고 사양의 컴퓨터가 200만 원 정도 하는 것을 보면, 업계에선 '최고 사양이라면 200 정도는 해야 한다'는 강박관념이 있는 것 같다.)

컴퓨터를 손에 넣은 뒤 나는 가장 먼저 게임을 구하러 동네 상가에 있는 컴퓨터 가게에 갔다. 당시 컴퓨터 가게에서 플로피 디스크 1장에 1000원씩 받고, 게임을 복사해줬는데, 매주마다 용돈을 모아 새로운 게임을 구하러 다녔다. (그러고 보니 내 추억은 불법 복제 게임과 해적판 만화로 점철되어 있다.)

수많은 게임 중에 내 시선을 가장 끈 것은 〈페르시아 왕자〉였다. (사실 왕자는 아니고 감옥에 갇힌 젊은이가 납치된 공주를 구하러 간다는 내용이다.) 애니메이션을 보는 듯한 부드러운 동작과 박진감 넘치는 칼싸움은 게임에서 손을 놓지 못하게 했다. 그런데 한 가지 문제가 생겼다. 이 게임이 어려워도 너무 어렵다는 것이다.

걸핏하면 주인공이 쇠꼬챙이에 '퍽' 하고 찔려 꼬치가 되어 죽거나, 발을 헛디뎌 '으아아아' 하면서 난간에 떨어져 죽거나, 칼에 찔려 죽거나 하는 다양한 방식으로 죽음을 맞았다. (가장 처참한 죽음은 단두대에 찍혀서 죽는 것인데 '찍' 하는 소리와 함께 허리가 썰리는 장면은 어린 시절 트라우마로 남았다.) 게다가 60분이라는 한정된 시간에 모든 스테이지를 클리어해야 한다는 규칙까지 있어 초등학생 3학년이 플레이하기에는 많은 어려움이 있었다.

흑백 컴퓨터로 플레이하기에도 많은 제약이 있었다. 게임 중간중간에 약물이 나오는데, 빨간색 연기가 올라오는 약물을 먹으면 에너지가 올라가고, 파란색 연기의 약물을 먹으면 에너지가 줄어들었다. 문제는 흑백 모니터에서 이 색상 구분이 불가능하다는 것이다. 잘 풀려나가다가도 약물 하나 잘못 골라 먹으면 '픽' 하고 죽어버리기 일쑤였다. 결국 이 게임은 내 힘으로 깨지 못한 최초의 게임이 되고 말았다.

게임이 어렵다 보니 나중에는 치트키 버전을 구해서 엔딩을 먼저 봐버렸다. 당시 Shift +L인가, Ctrl +L인가를 누르면 자동으로 다음 스테이지로 넘어갈 수 있는 새로운 버전이 나돌고 있었기 때문이다. 하지만 치트키를 써서 엔딩을 본 자만 느끼는 허무함이란 겪어보지 않고 알 수 없을 정도로 컸다.

난 여기서 한 가지 인생 교훈을 배웠는데, 결과보다 과정이 중요하다는 것이다. 게임이 재미있는 이유는 단순히 엔딩을 보는 데서 나오는 것이 아니고, 엔딩을 향해 가는 과정에 있기 때문이다. 〈페르시아 왕자〉가 재밌었던 이유는 키보드의 절묘한 조작을 통해 점프의 길이를 조정하거나, 능숙한 손놀림을 통해 적을 무찌르는 맛에 있었지, 치트키를 써서 엔딩 크레딧을 보는 것에 있지 않았던 것이다.

영화 〈클릭〉을 보면 인생을 빨리 돌리거나 되감을 수 있는 리모컨을 손에 넣은 주인공이 이를 이용해 자신의 인생을 조작하는 장면이 나온다. 그는 항상 회사 일로 지쳐 있어서 아이를 돌보거나 가족과 함께하는 주말 시간은 인생 빨리 감기 기능으로 넘겨버린다. 결국 건축사 사장으로 성공했지만, 인생의 부작용도 함께 나타났다. 아내는 다른 남자와 재혼했고, 아버지는 돌아가셨고, 자신은 심각한 비만에 걸린 채 홀로 남은 것이다. 그는 아버지를 본 마지막 순간으로 인생을 되감아 아버지가 남긴 마지막 말 '아들아 사랑한다'를 수십 번 돌려보면서 눈물을 흘린다.

인생은 여정이라 목적지보다는 과정이 중요하다. 목적에 집중하는 순간 영화의 주인공처럼 아이들이 어떻게 커버렸는지, 아내와 왜 이혼했는지, 자신은 왜 살이 쪄버렸는지 중간 과정은 알지 못한 채 오직 결과만 남은 현실에 좌절하게 된다. 그리고 치트키가 주는 허무함에서도 벗어나지 못하게 된다.

미니멀리스트 1단계 수준에 갓 진입했을 때 어떻게 해서든 물건을 버리기 위해 혈안이 되어 있었다. 눈에 보이고 손에 잡히는 모든 물건은 재빨리 처분하려고 했고, 쓰레기 버릴 수 있는 장소를 찾아 밤을 지새우기도 했다. 그런데 지금 와서 돌이켜보면 미니멀리스트에게 정말로 중요한 것은 물건이 비어 있는 상태가 아니라 비우는 과정 그 자체였다. 물건을 버리는 과정에서 무엇이 정말 소중한 것이지, 무엇에 더욱 집중해야 하는지 고민해보는 것 자체가 의미 있는 일이기 때문이다.

그런 면에서 미니멀리스트는 결과나 성취보다 과정에 집중하는 사람들이다. 육아를 하면서 중요한 것은 아이를 대학에 보내거나 결혼시키는 것이 아니다. 함께하는 시간과 추억 자체가 중요하다. 일할 때도 중요한 것은 프로젝트의 성공이나 승진이 아니다. 과업을 달성하는 과정에서 얻는 문제 해결 능력이나 인간관계가 더 소중하다.

임종을 앞두고 우리가 건네게 될 말은 '내가 프로젝트 성공시켜 승진했잖아?', '내가 책 10권을 썼잖아' 하는 성취가 아니라, '그거 기억나? 그때, 내가 다리 밑에서 프러포즈했었잖아?', '채린이가 처음 입학했을 때 당신이 근사한 꽃다발을 사왔었잖아?'처럼 삶의 과정에 있는 일상적인 기억일 것이다.

나처럼 글을 쓰는 사람에게는 '분야 베스트셀러 진입'이라는 타이틀보다 글을 쓰는 과정에서 일어나는 내적 치유와 깊은 통찰, 사유의 과정이 중요하다. 결과보다 여정을 소중히 생각하고 삶의 과정인 하루를 성실히 살아가는 것. 이것이 내가 〈페르시아 왕자〉에서 배운 교훈이자 미니멀리스트가 추구해야 할 가치이다.

비워야 이기는 〈테트리스〉처럼

세상에서 가장 유명한 게임을 하나 꼽자면 〈테트리스〉가 아닐까 생각한다. 1984년 개발되어 현재에 이르기까지 수많은 게임기로 컨버전되었고 아직까지 세계 대회가 열릴 정도로 인기가 대단한 게임이다. 모바일용 〈테트리스〉의 다운로드 수가 10억 회를 넘어섰다고 하니 세계 인류의 7분의 1이 이 게임을 즐긴 셈이다.

나 또한 IBM PC용 〈오리지널 테트리스〉부터 〈3D 테트리스〉, 〈온라인 테트리스〉 등 다양한 테트리스를 즐기며 자랐다. 유독 〈테트리스〉는 권위 있는 게임지에서 역대 게임 순위에 1위에 오를 정도로 게임 역사상 가장 중요하고 위대한 게임으로 분류되고 있다. 발매된 지 35년이 지난 이 구닥

다리 게임이 어떻게 아직도 명맥을 유지하며 인기를 끌 수 있었을까?

〈테트리스〉의 성공 비결에 대해 게임 평론가들은 입을 보아 '단순함'이라고 말한다. 블록 몇 개만 떨어트려보면 누구나 알 수 있는 단순한 규칙이 성공의 요인이라는 것이다. 단순함은 〈테트리스〉를 게임계의 만국공통어로 만들었고 순식간에 전 세계로 퍼져나가게 했다. (원개발자 알렉스 파지노프가 〈테트리스〉로 세계평화에 기여할 수 있다고도 말할 정도이다.) 내가 테트리스를 이렇게 장황하게 설명하는 이유는 바로 테트리스의 원리가 미니멀리즘과 맞닿아 있기 때문이다.

인간은 누구나 미니멀리스트로 태어나기 때문에 천성적으로 비워냄을 추구한다고 생각한다. 단지 소비를 부추기는 문화에 세뇌되고 불필요한 소비에 학습되어 자신의 본성을 잃어버리는 것일 뿐이다. 〈테트리스〉의 기본 전략 중 하나는 제일 오른쪽 또는 왼쪽 한 라인만 비워놓고 블록을 계속 쌓다가 'I' 형 블록이 나오면 한 번에 모든 것을 없애버리는 것이다. 이렇게 블록이 사라질 때 우리는 특유의 통쾌함과 시원함을 느낄 수 있는데, 이는 소비와 물건들로 눌려 있던 자아가 블록이 사라지는 것을 통해 일시적인 자유를 느끼기 때문이다.

〈테트리스〉를 통해 비움이라는 인간의 본연, 다시 우리가 돌아가야 할 본향이 어디인가를 무의식적으로 자각하게 된다. 〈테트리스〉에 빠져 시간 가는 줄 모르는 이유도 여기에 있다. (〈테트리스〉는 '전자 마약'으로 불릴 정도로 중독성이 있음이 실험을 통해 밝혀졌다.)

단순함을 추구하는 미니멀리스트의 삶이 맥시멀리스트의 물건들로 다시 복잡해지듯, 최근 들어 〈테트리스〉는 단순함을 추구하는 게임의 이념과는 다르게 여러 복잡한 문제를 안게 되었다. 한 편의 논문이 나올 정도로 심각해진 저작권 분쟁 때문이다. 그럼에도 우리가 계속 〈테트리스〉를 즐기는 이유는 '한 줄을 채우면 점수를 얻는다'는 단순한 규칙, 그리고 '비워냄으로 승리한다'라는 게임의 철학 때문일 것이다.

인터넷을 멀리해야 하는 이유

2010년 노벨평화상 후보 200여 명 중 '인터넷'이 후보에 올랐다. 타임지에서 이미 올해의 인물로 컴퓨터나 강아지 등 인물이 아닌 사물과 동물을 선정한 사례는 있었지만, 노벨상 후보로 인물이나 단체가 아닌 사물이 등장한 것은 처음 있는 일이라 많은 논란이 있었다. 다행히 노벨평화상은 류샤오 보에게 돌아갔지만, 인터넷의 핵심 기술인 광섬유를 개발한 업적으로 찰스 가오 박사는 노벨물리학상을 받았다.

내가 인터넷을 처음 접한 건 1998년으로, 당시에는 인터넷 접속을 위해서 모뎀을 통해 전화회선으로 통신망에 연결해야 했다. 모뎀의 속도로 인터넷의 무거운 이미지들을 불러오기 위해서는 한참이나 시간이 걸렸기에 큰 인내심이 요구

됐고, 무엇보다 전화 요금 폭탄을 맞기 십상이라 자고로 인터넷이란 부모님 염려를 끼치지 않는 모범 학생들이 할 짓은 아니었다. 따라서 컴퓨터 좀 한다는 아이들 사이에서는 '너 인터넷 해봤어?', '내가 인터넷을 해봤는데…' 같은 무용담들이 존재했다.

시간이 좀 흐르자 가히 혁명에 가까운 기술인 ADSL이 개발되었고 인류는 새로운 국면을 맞이한다. 마치 구텐베르크가 금속활자를 개발함으로써 성경이 대량으로 보급되고 인쇄 문화의 대폭발을 가져온 것처럼 ADSL의 보급으로 인류는 초고속 인터넷이라는 새로운 역사적 전기를 마련한 것이다. 무엇보다 ADSL은 정액제로 운영되었기에 10만 원이 넘어가는 전화 요금 폭탄을 면할 수 있었다.

시간이 더욱 흐르자 인터넷은 우리의 일상이 되었고 인터넷 없는 세상을 상상할 수 없는 시대에 살게 됐다. 일전에 회사 인터넷이 잠시 끊긴 적이 있었는데 마치 제2차 세계대전 당시 독일군에게 잡혀 사지가 결박당한 소련군 포로처럼 아무 일도 할 수가 없었다. 비단 업무뿐 아니다. 요즘 시대의 인터넷이란 호흡과 같아서 잠시라도 와이파이에 연결되어 있지 않으면 호흡곤란, 심한 발열, 두통과 복통, 위장 장애가 수반되는 부작용을 가져오진 않더라도 심각한 불안증세를 느끼게 된다. 이런 이야기를 길게 늘어놓는 것은 인터넷과 미니멀 라이프가 상당히 밀접한 상관관계에 있기 때문이다.

내 미니멀 라이프에 큰 관심을 보인 CNN 문화부 기자가 찾아와서 일상을 낱낱이 카메라에 담으며 '소비를 줄이려면 어떻게 해야 하는가?'라고 묻는다면 (이건 어디까지나 희망 사항이다.) 나는 '바로 인터넷을 하지 않는 것이다'라고 답변할 것이다. 인터넷이 물론 세계 인권과 평화, 국제 안보에 지대한 역할을 한 것은 인정하지만, 미니멀리스트들에게는 '글쎄올시다'인 것이다.

한때 심각한 인터넷 중독자였던 내 삶을 돌아보면 인터넷이 소비에 끼치는 영향이 지대했다. '어디 잠깐 뉴스나 살펴볼까?' 또는 '누가 메일을 보냈다는데…' 하고 인터넷 브라우저를 켜는 순간 종국에는 쇼핑 사이트를 한참이나 뒤적이는 나를 발견하게 된다. 심지어 글을 쓸 때도 마찬가지였다. 어휘 사전을 찾아보다가도 '어, 이게 왜 실시간 1위지?'라며 키워드를 타고 들어가게 되고 그러다 보면 어느 이름 모를 쇼핑몰에서 허우적거리고 있는 것이다. ('사전을 보기 위해 인터넷을 켠다.→ 포털 사이트에 알지 못하는 키워드가 실시간 1위를 차지한 것을 발견한다.→ 호기심에 기사를 찾아본다.→ 기사 아래를 보니 IT 관련 기사가 링크되어 있다.→ 들어가 보니 신제품이 출시됐다.→ 제품 소개를 보니 가격이 궁금하다.→ 쇼핑몰을 찾아 헤맨다.'의 수순을 밟는 것이다.)

다이어트 중에는 식당을 피해 돌아가야 하고, 수험생은 컴퓨터 게임을 피해야 하고, (표현이 좀 과격하지만) 도박꾼들은 손가락을 잘라야 한다. 인간의 의지는 박약하기 그지없기 때문에 소비의 유혹이 틈새를 타고 들어오지 못하도록 꼼짝달싹하지 못할 환경을 인위적으로 조성해줘야만 하는 것이다. 이것이 맹자 어머니가 세 번 이사한 이유이고, 고시생들이 고시촌에 틀어박혀 도인이 되는 이유이며, 미니멀리스트가 인터넷을 멀리해야 하는 이유이다.

버림의 황금률

'삶의 평화를 찾기 위해서는 자신을 내려놓아야 한다. 사람들은 이 길을 싫어한다. 손해를 보고 양보해야 하기 때문이다. 사람들은 내려놓음을 희생하고, 참고, 포기하는 것으로 생각한다. 하지만 그게 아니다. 내려놓음은 내 안의 무한한 가능성을 개발하는 일이다.'

며칠 전 신문에서 김원수 법사의 인터뷰 기사를 읽었다. 나는 이 말을 듣고 모든 것을 버릴 때 비로소 가장 풍요로워진다는 미니멀리즘의 사상이 불교의 이념과 닮았다는 사실에 깜짝 놀랐다. 세상의 모든 학문이 종국에 가면 하나의 진리로 통한다는 원리가 이런 것인가 싶었다. 생각해 보니 교회에서도 '당신이 내려놓기 시작할 때 하나님의 임하심이 시작된다'라는 목사님의 설교를 들었다. 이쯤 되면 '버려야 행복해진다'라는 원리는 황금률에 버금가는 전 우주적 보편 원리가 아닐까 싶다.

안드로메다와 350광년 떨어진 은하 NA12403에 위치한 시무프레리페 행성. 이곳에는 놀라운 문명을 이룩한 시무프레 행성인이 살고 있다. 그들은 질소로 호흡을 하며 행성 간 무역업과 부동산업을 통해 경제활동을 하는 종족이다. 특히 부동산업은 큰 돈벌이가 되는데 척박한 행성을 헐값에 매입 후 테라포밍(대기 환경을 질소로 바꾸는 작업)을 통해 큰 차액을 남기고 되파는 것이다.

그중 캬포챠라는 행성인은 탁월한 재능을 가진 부동산꾼이었다. 그는 뛰어난 언변과 해박한 지식으로 수많은 매매를 성사시킨 우주 부동산의 전설로 알려진 인물이다. '음, 이번에 매입할 곳은 최근에 발견된 T1235 행성인가? 사무장, 우주선을 준비하게. 실사를 나가봐야겠네.' 그의 성공의 비결은 아무리 먼 행성이라도 자신의 두 눈으로 철저히 확인한 뒤에 확실한 물건만 거래하는 데 있었다.

새로운 행성으로 우주선이 출발하는 순간 갑자기 우주선의 연료탱크에서 불이나 큰 폭발이 일어난다. 그의 큰아들이 재산을 노리고 꾸민 계획된 사고였다. 간신히 목숨은 부지해

9장 그럼에도 불구하고 미니멀리즘

병원으로 후송됐지만, 생명이 위태로웠다. 병원 침대에 누우니 이제껏 재산을 늘리기 위해 노력했던 젊은 날의 수고가 떠올랐다. 항상 먼 은하로 출장을 가느라 아내와 아이들에게 소홀히 대했던 것들도 생각났다. 그리고 재산 때문에 엉망이 된 가족들과의 관계도 후회스러웠다.

자신의 생이 얼마 남지 않은 것을 감지한 그는 온 가족을 불러모았다. 마지막 유언을 위해서였다. 유언보다는 유산에 관심이 많은 가족들은 슬픔보다는 기대에 찬 얼굴이었다. 캬포챠는 천천히 건조한 입을 열었다. '카훙티숑 이숑나만둥(버려야 행복해져)…, 먄 앟쑳쑳 땋안야훙초앟 닣얗 껇땋햏햏(내 재산을 모두 우주정거장 건설을 위해 기부한다).'

어쩌면 우주 어디엔가 이런 생각을 하는 외계인들이 존재할 수도 있겠다. 가진 것을 모두 내려놓을 때 새로운 가능성이 시작되고, 버리기 시작할 때 풍요로움으로 채워진다. 이것은 분명 우주의 황금률일 것이다.

원숭이 잡기

야생 원숭이를 어떻게 잡을까? 간단하다. 나무나 상자에 작은 구멍을 뚫고 견과류 같은 작은 음식을 넣어두기만 하면 된다. 그리고 잠시 뒤 나무로 가서 구멍에 손을 넣고 발버둥 치고 있는 원숭이를 쓱 하고 손으로 잡으면 된다. 원숭이는 손이 안 빠지는 것에 당황해서 어쩌할 줄 모르면서도 쥐고 있는 음식을 놓지 못하기 때문이다. 이 방법은 실제로 인도네시아에서 원숭이를 잡을 때 흔히 사용하는 방법이다.

그럼 원숭이를 잡아 어디에다 쓰는가? 애완용이나 의료 실험용으로 팔기도 하고, 음식 재료로도 사용한다. (원숭이 고기로 완자를 해먹기도 하고, 원숭이 골 요리도 실제로 존재한다. 동남아 지역에는 소고기나 닭고기가 비싸기 때문에 원숭이가 식자재로 이용

된다고 한다.) 또한 인도네시아에서는 '또펭 몬옛'이라는 거리 구걸에 원숭이를 앵벌이로 동원하기도 한다.

물론 원숭이의 활용도가 중요한 건 아니다. 우리가 생각해봐야 할 것은 원숭이 잡기가 우리에게 주는 교훈이다. 원숭이는 생김새나 행동이 사람과 비슷하고 다른 동물에 비해 지능이 높으므로 이렇게 쉽게 잡힐 것이라 예상하지 못한다. 나 또한 실제 원숭이를 잡는 영상을 보기 전까진 나무 위에서 재주를 부리는 원숭이를 무슨 수로 잡을지 궁금했다.

이렇게 원시적이고 미니멀한 방식으로 원숭이가 잡히는 것을 보니 '우리의 삶도 이와 닮았다'라는 생각을 하게 된다. 욕심에는 빈부 격차가 없다. 더 배우고, 더 가진 자도 손에 넣지 못하는 것들에 대한 욕심으로 자신의 삶을 망쳐버릴 수 있다. 잡힌 원숭이가 족쇄에 매여 평생을 보내야 하듯, 포기하지 못하면 평생을 물질의 노예가 되어 내면의 자유를 누리지 못하게 된다.

작은 견과 하나 때문에 유명을 달리하는 원숭이처럼 우리 삶에 영향을 주는 것은 대단한 야망이나 욕심이 아니다. 조금 더 소유하고 싶은 마음, 1개면 충분하지만 2개를 얻고 싶은 작은 욕심들이다. 살기 위해 소유하지만, 결국 소유하므로 죽음을 맞게 된다. 드넓은 사바나 초원을 자유롭게 누리기 위해 잠시 삶의 작은 견과를 내려놓는 용기가 필요하다.

자유

'다 잃어봐야 진정한 자유를 얻게 돼.'

데이빗 핀처 감독의 〈파이트 클럽〉에서 브래드 피트가 하는 말이다. 하루하루를 무기력하게 살아가는 직장인, 에드워드 노튼은 자신의 공허함을 물건 사는 것으로 해결하려고 한다. 퇴근 후 집에 오면 이케아 카탈로그를 보면서 마음에 드는 가구나 운동기구, 식기류 등을 구입하며 자신의 공간에 채워 넣는다. 그는 더 이상 물건으로 갈급함이 해결되지 않자 수많은 단체의 모임에 나가면서 마음의 평안을 얻으려고 하지만 이것 또한 쉽지 않다.

그런데 갑자기 그의 집이 불탄다. 자기 자신이라 여겼던 모든 물건이 하루아침에 없어져버린다. 하지만 더 이상 잃을 것이 없어지자 그의 삶이 변하기 시작한다. 쌓아놓은 물건으로 채울 수 없던 허전함이 사라지고 내면의 자유로움을 얻은 것이다.

서른아홉 살에 이 책을 쓰기 시작해, 해가 바뀌고 이제 세포 분열도 제대로 되지 않는 40대로 들어섰다. 되돌아보건대 20대에는 진로와 비전 같은 삶의 방향성에 대한 고민이 주류를 이루었다면, 30대에는 물건을 사야 하나 말아야 하나 같은 소비에 대한 고민이 가장 많았다. 질레트 5중 면도날인가, 도루코 7중 면도날인가라는 가벼운 것부터 어떤 아파트나 자동차를 사야 하나라는 무거운 것까지 고민의 종류도 다양했다. 다행인 것은 소비의 정점을 찍고 있던 30대 중반에 미니멀 라이프를 접했다는 것이다. 소비를 잠시 멈추니 내 자신이 보였고 자유가 찾아왔다.

하지만 미니멀리스트가 되고 나서 현재의 삶이 행복하고 풍요로운가 묻는다면 그렇지만은 않다. 끊임없이 쏟아지는 소비의 유혹과 물건을 사야만 할 것 같은 주변의 환경, 맥시멀리스트와의 대립, 그 외에도 다양한 고민거리가 쏟아지고 있다. 미니멀리스트는 마냥 행복을 준다는 책의 내용들은 현실과 다른 점이 많다. 이론과 실제가 다른 것처럼 말이다. 미니멀리스트에게 소비를 부추기는 이 세상은 절대 호락호락하지 않다.

소비문화라는 거대한 적과 싸우는 미니멀리스트는 자유를 찾아 고군분투하는 고대 로마의 글레디에이터를 닮았다. 공화정 초기 검투 경기는 상대가 죽어 나갈 때까지 싸우는 데스매치가 일반적이었고, 검투사 양성소에서 훈련받은 검투사는 보통 1년 안에 사망했기에 실제 경기에 출전하는 이들은 신참들이 대부분이었다.

미니멀리스트도 마찬가지다. 진정한 내적 자유와 자아를 찾기 위해 미니멀리스트가 되지만 살아남는 자는 극소수에 불과하다. 달콤한 소비의 유혹에 넘어가기도 하고, 상대하기 벅찬 맥시멀리스트를 만나 쓰러지기도 한다. 그럼에도 불구하고 미니멀리스트는 다시 일어나 내면의 칼을 정비하고 삶이란 검투장에 뛰어든다. 그 안에 자유가 있기 때문이다. 하루하루를 살기 위해 묵묵히 칼을 휘두르다 보면, 어느 순간 종려나무 관과 목검을 하사받고 자유의 몸이 되는 검투사처럼 그렇게 자유를 만끽할 수 있을 것이다.

인류의 역사는 자유를 위한 투쟁의 역사다. 종교를 위해, 독립을 위해, 이념을 위해, 모양은 제각각이지만 자유라는 하나의 목적을 가지고 투쟁에 뛰어든다. 자유에 숭고한 희생이 뒤따랐던 것처럼 미니멀리스트가 내적 자유를 찾는 과정에서도 투쟁과 희생이 뒤따른다. 자신의 욕망과 끝없이 싸워야 하고, 사랑했던 물건들을 과감히 버려야 한다.

톨스토이는 '자유란 자기 자신에 의해서만 얻을 수 있다'라고 했다. 동기가 어찌 됐든 간에 미니멀리스트가 되기로 결단한 순간부터 우리는 자유를 향한 강한 의지와 신념으로 모든 것을 버려야 하고, 버림으로써 자유를 얻는다.

'현장으로 들어가라!'

체 게바라의 혁명이 많은 이들의 공감을 얻고 강한 영향력을 미칠 수 있었던 이유는, 그의 이념이 책상머리에서 나온 헛된 공상에서 비롯된 것이 아니라, 삶의 경험과 체험에서 나왔기 때문이다. 그는 청년기에 1939년산 바이크, '포데로사'와 함께 전국을 누비면서 사람들과 함께 울고, 함께 느끼며 혁명의 신념을 다져왔다.

따라서 그는 신념을 위해 모든 정치적 유익을 버릴 수 있었고, 정치적 유익을 버림으로써 세상에 자신의 가치를 전할 수 있었다. 삶의 현장에서 신념을 다졌고, 그 신념을 품에

안고 다시 치열한 삶의 현장으로 돌아간 것이다. 그리고 그는 영원한 혁명의 아이콘이 되었다.

미니멀리스트도 마찬가지다. 집안에서 물건만 정리하고, 비우는 행위는 그저 신병훈련소에 갓 입소한 훈련병이 받는 PT Physical Training 체조에 불과하다. 버리는 훈련을 충분히 했으면, 이제 미니멀리스트의 가치를 가슴에 품고 필드에 나가야 한다. 생존과 직결되는 삶의 전장에서 미니멀리즘을 가슴에 품고 진군해야 한다. 즉, '소중한 것을 위해 불필요한 것을 버린다'는 미니멀리스트의 대원칙을 삶으로 살아내야 한다는 것이다.

물론 쉽지 않다. 물건을 버리는 것과는 또 다른 도전들에 부딪히게 된다. 10개의 업무를 같은 중요도로 부여받는 직장에서 우선순위를 정해 처리하는 것, 길어지는 회식 자리에서 적당한 타이밍에 빠지는 것, 20만 원 이상 구매 고객에게 주는 백화점 사은품을 묵묵히 거절하는 것, 구매를 통해 풀고 싶은 숨겨진 욕구와 싸우는 것. 어느 것 하나 쉬운 것이 없다. 하지만 매순간 이것을 해낼 때 사람들은 훗날 이렇게 평가할 것이다.

'돌이켜보건대, 그는 진정한 미니멀리스트였다.'

이 도서의 국립중앙도서관 출판예정도서목록(CIP)은 서지정보유통지원시스템 홈
페이지(http://seoji.nl.go.kr)와 국가자료종합목록시스템(http://www.nl.go.kr/
kolisnet)에서 이용하실 수 있습니다. (CIP제어번호 : CIP2019048093)

어느 미니멀리스트의 고민

맥시멀리스트 세상에서 미니멀리스트로 살아남는 법

초판 1쇄 인쇄 2019년 12월 10일
초판 1쇄 발행 2019년 12월 16일

지은이 이용준
펴낸이 여승구
편 집 박민영
디자인 박애영
펴낸곳 이루

출판등록 2003년 3월 4일 제 13-811호
주소 서울 마포구 서교동 410-3 (와우산로 15길 10) 201호
전화 (02)333-3953
팩스 (02)333-3954
이메일 jhpub@naver.com

ISBN 978-89-93111-42-2 (03190)

―
가격은 뒤표지에 있습니다.
파본은 교환해 드립니다.